ratio

Band 31

LATEINISCHE SCHÜLERGESPRÄCHE DER HUMANISTEN

bearbeitet
von Lore Wirth-Poelchau
und Wolfgang Flurl

C. C. Buchners Verlag · Bamberg

ratio

Lernzielbezogene lateinische Texte
Begründet von Erich Happ und Klaus Westphalen
Herausgegeben von Wolfgang Flurl und Gerhard Jäger

1. Auflage 1 5 4 3 2 1 1997 96 95 94 93 92
Die letzte Zahl bedeutet das Jahr dieses Druckes.

Alle Drucke dieser Auflage sind, weil untereinander unverändert, nebeneinander benutzbar.

ISBN 3 7661 **5861** 9

Gesamtherstellung: Fränkischer Tag GmbH & Co. KG, Bamberg

Vorwort

Die vorliegende Ausgabe enthält Texte, die sich im 16.—18. Jh. großer Beliebtheit erfreuten: **lateinische Schülergespräche** von drei Humanisten. Zwischen 1518 und 1564 entstanden, wollten sie den damaligen Schülern in der sog. direkten Methode einen natürlichen Zugang zum Lateinischen eröffnen. Dabei sind die ‚Colloquia familiaria' des Erasmus, ein Werk von höherem Schwierigkeitsgrad und bedeutendem literarischem Rang, ausgespart; hier unterhalten sich zudem Erwachsene, die Latein schon können.
Die Schülergespräche sind i. allg. in recht *einfachem und gutem Latein* abgefaßt und bieten durch die Dialogform dessen methodisch-didaktische Möglichkeiten, ja sie können auch uns dazu anregen, *Latein wieder als lebendige Sprache* zu benützen und zu erleben. Ein solcher Versuch erstrebt nicht lateinische Beredsamkeit; er begnügt sich meist mit den elementaren Kenntnissen der Formenlehre; er soll deutlich machen, daß auch heute Lateinkönnen mehr ist als bloße Übersetzungsfähigkeit.
Die bei jedem Dialog angehängten (fakultativen!) *Fragen* zielen auf eine schlichte Anwendung der Sprache; daher sind sie i. allg. bewußt einfach formuliert und weitgehend am Text orientiert; sie dienen damit auch seiner Wiederholung, selten der Diskussion des Inhalts, wozu Schülern die Sprachkompetenz fehlt.
Die Texte behandeln Alltagssorgen der Schüler bzw. ihren Unterricht, bieten dadurch wertvolle *kulturgeschichtliche* Einblicke in die Zeit des Humanismus und der Reformation (↗ E 1—3) und ermöglichen zwanglos kurze Bemerkungen zu den von den Texten empfohlenen oder abgelehnten Autoren und Werken.
Die meisten Texte *können gelesen werden,* sobald die Nominalformen des Verbums behandelt sind; das Supin begegnet relativ oft, mehr noch das Gerundium — meist ohne Objekt — und laufend das Gerundiv in allen gängigen Verwendungsarten. Die Texte eignen sich besonders als Übergangs- und Anfangslektüre, auch als Zwischenlektüre. Das Thema Humanismus paßt zu verschiedenen Altersstufen; zugleich ist wegen des abwechslungsreichen Angebots sprachliche Wiederholung wie auch inhaltliche Vertiefung (↗ 9—11) möglich.
Die Texte sind in der Rechtschreibung vereinheitlicht und dem heutigen Gebrauch angepaßt, vereinzelt auch in der Wortstellung geringfügig erleichtert. Zum besseren Verständnis sind ihnen kurze lateinische Überschriften in Anlehnung an die originalen beigegeben. Etwa die Hälfte der Texte umfaßt durchgehende Originalstücke, ansonsten wurde leicht gekürzt. Dadurch können mehrere Texte in einer, die längsten wohl in drei Schulstunden gelesen werden. Für die Anordnung sind inhaltliche Gründe bestimmend, nicht der Schwierigkeitsgrad oder die Länge.
Der schülerbezogene *Sub-linea-Kommentar* (Sprachkommentar) will eine zügige Lektüre sichern und die Möglichkeit selbständiger Erarbeitung der (meist eher leichten) Konstruktionen nicht nehmen.

Die *Wörter* der L-2-Wortkunde von Raab-Keßler werden vorausgesetzt; einige häufig gebrauchte sind in einer Liste (E 12) erfaßt.
Der *Sachkommentar* dient der sprachlich-stilistischen und inhaltlichen Vertiefung, die *Einleitung* einer systematischen Einführung; diese beiden Teile sind für Schüler und Lehrer gedacht.
Die *Zitate* mit E verweisen auf die zwölfteilige Einleitung, einfache Zahlen auf die 31 Gespräche; zwei Zahlen mit Komma (z. B. ↗ 1, 3) beziehen sich auf die Textstelle samt Sprachkommentar, mit weiterem „zu" (z. B. ↗ zu 1, 6) auf den Sachkommentar.
Erläuterungen zu den *Bildern* finden sich auf S. 86.
Zu danken habe ich den beiden mir unbekannten Gutachtern und Herrn Dr. Gerhard Jäger für viele Verbesserungen, Frau Dr. Birgit Gansweidt (München) für die Beschaffung mehrerer Bücher, dem Buchner Verlag, besonders Herrn G. Dittrich, für die sorgfältige Betreuung der Ausgabe, ganz besonders aber Herrn Dr. Raimund Pfister für zahllose kritische Anmerkungen und tatkräftige Hilfe.

Abkürzungen/Zeichen

abs.	absolut	ND	Nachdruck
B.	Buch/Bücher	nkl.	nachklassisch
Dimin.	Diminutiv	pleon.	pleonastisch
E	Einleitung	poet.	poetisch
erg.	ergänze	präd.	prädikativ
frz.	französisch	rel. SA	relat. Satzanschluß
FW	Fremdwort	spätlat.	spätlateinisch
gr./griech.	griechisch	Superl.	Superlativ
h.	hier	t. t.	terminus technicus
HS	Hauptsatz	unkl.	unklassisch
Interj.	Interjektion	unpers.	unpersönlich
ital.	italienisch	vkl.	vorklassisch
klass.	klassisch	Z.	Zeile
kirchenlat.	kirchenlateinisch		
K-St	Kühner-Stegmann	/	Variante
	(nur für Lehrer)	//	im Gegensatz zu
Menge	Repetitorium	↗	vergleiche
	(nur für Lehrer)	∼	entspricht
mlat.	mittellateinisch	*	entstanden aus
	(im Mittelalter)	〉 bzw. →	wird zu

Inhalt

1. Einleitung

1.1 Deutsche Geistesgeschichte im 16. Jh. E 1—3

Die deutsche Geistesgeschichte des 16. Jh. wird vor allem von Reformation und Humanismus geprägt.

E 1 Die REFORMATION erstrebt eine Erneuerung des christlichen Glaubens und der Kirche; in Deutschland führt sie zu einer gewaltigen, auch politischen Erschütterung. Die Auseinandersetzung, die mit der Veröffentlichung der Thesen von Martin Luther († 1546) am 31. Oktober 1517 als theologischer Streit begann, beeinflußt wegen Luthers wachsender Anhängerschaft ab 1521 entscheidend das öffentliche Leben: Im Januar verurteilt der Papst seine Lehre und bannt ihn; im Mai wird auf dem ersten Reichstag in Worms von Kaiser Karl V. (1519—1556) über ihn und seine Anhänger die Reichsacht ausgesprochen. Diese kirchliche und staatliche Verurteilung führt zum Kampf zwischen Kaiser und Landesfürsten, die nach Unabhängigkeit streben und vielfach eigene (protestantische) Landeskirchen gründen. Der 1555 im Augsburger Religionsfrieden gewonnene Ausgleich zwischen Katholiken und „Lutheranern" bleibt nur vorläufig.

E 2 Der HUMANISMUS will eine Erneuerung des Lateins und des Denkens überhaupt. Er pflegt das „gute" Latein vor allem Ciceros und Vergils im Unterschied zum „barbarischen" Gebrauchslatein des Mittelalters mit einer bis dahin unbekannten Begeisterung. Daneben gewinnt er aus der Antike das Ideal eines Menschen, der sich auf das Diesseits einstellt, all seine geistigen Anlagen aus eigener Kraft mit Hilfe der antiken Schriften zur Entfaltung bringen will und von den heidnischen Philosophen Anstoß für eine Lebensführung in gewaltig erwachtem Selbstbewußtsein erhält. Ein solcher Mensch sieht als Ziel seines Strebens die *virtus,* als Lohn die *gloria* während des Lebens und nach dem Tode.
Freilich bleiben die Humanisten Christen, versuchen aber einen Ausgleich zwischen Christentum und antiker Rhetorik und Philosophie. Dabei kann es sein, daß sie sich, wie der „König der Humanisten" Erasmus († 1536), trotz tiefster Religiosität und Streben nach kirchlichen Reformen doch den Wissenschaften verschreiben oder Buchgelehrsamkeit und kirchliches Engagement verbinden, wie der Freund und Mitstreiter Luthers, Melanchthon († 1560; ↗ auch E 5.1).

E 3 Die Wirkung von Reformation und Humanismus hängt wesentlich mit der Entwicklung der BUCHDRUCKERKUNST zusammen.

Im ganzen Mittelalter hatte man Bücher und Texte mühsam mit der Hand (ab-)geschrieben, allenfalls ab dem Spätmittelalter etwa Flugblätter oder auch Lehrbücher (wie den kleinen Donat und das Doctrinale, ↗ E 4.3) in Holztafeln geschnitten, von denen man mehrere Abzüge nehmen konnte. Um 1450 erfand nun der Mainzer Buchdrucker Johannes Gutenberg († 1468) ein Druckverfahren mit beweglichen Lettern. Der so entstandene Buchdruck belebte den Buchhandel und kam auch Schülern und Studenten zugute.

1.2 Schulleben im Mittelalter und im 16. Jh. E 4—7

Das deutsche Schulleben nahm im 16. Jh. einen erheblichen Aufschwung; denn erst die Humanisten betrachteten Erziehung und Unterricht als eine Kunst und begannen, Schriften über Pädagogik und Methodik zu verfassen. (Reble 71) Die gewandelte Einstellung mag ein kurzer Rückblick verdeutlichen.

E 4 Rückblick auf das deutsche Schulleben im Mittelalter

1. Die mittelalterlichen Schulen standen bis ins 12./13. Jh. ausschließlich unter kirchlicher Leitung. In Kloster- und Domschulen wurden Knaben als Nachwuchs für den geistlichen Stand, für Mönchtum und Weltklerus, erzogen; die Unterrichtssprache war Latein. Besondere Bildungsanstalten für Ritter gab es nicht. Die Stadtschulen — seit dem 13. Jh. — unterstanden nicht einer kirchlichen Stelle; sie vermittelten aber meist nur die elementarsten Fähigkeiten des Lesens, Schreibens und Rechnens, u. zw. auf deutsch; erst ab dem 15. Jh. wird dort auch etwas Latein gelernt.
2. In den kirchlichen Schulen lernte der künftige Geistliche neben Lesen, Schreiben und Rechnen für seine Predigten die Auslegung der Hl. Schrift (des Neuen Testaments), für den Gottesdienst Musik und Liturgie. Da aber den Geistlichen damals überhaupt die Leitung des geistigen Lebens anvertraut war, erweiterte sich auch der Umfang ihrer Ausbildung. Vor allem umfaßte der höhere Unterricht die sog. „sieben freien Künste", d. h. die drei sprachlichen *artes sermocinales:* Grammatik, Rhetorik und Dialektik sowie die vier mathematischen *artes reales:* Arithmetik, Geometrie, Astronomie und Musik. Die Schulen waren i. allg. klein. In Europa war das einzige Verständigungsmittel in allen Bereichen des geistigen Lebens Latein; bei dieser „Gebrauchssprache" folgte man in der Formenlehre weitgehend den antiken Regeln, prägte aber auch Wörter und Phrasen, um neue Gegenstände und Sachverhalte zu umschreiben; auf die Form des Ausdrucks legte man wenig Wert.

3. Dieses Latein der Gebildeten mußte der Schüler wie eine zweite Muttersprache lernen, da die entstehenden Volkssprachen deutlich davon abwichen. Nach den dabei benützten Lehrbüchern wurden die Besucher der drei Abteilungen der Bildungsschule benannt:

— *tabulistae* nach der „Tafel" zum Lesenlernen mit Gebeten
— *Donatistae* nach der Grammatik des Donat (‚Ars minor': 4. Jh.)
— *Alexandristae* nach dem Lehrbuch ‚Doctrinale' des Alexander von Villa Dei/Villedieu (in der Normandie — um 1200).

Daneben gab es Lesebücher mit Sprüchen (des sog. Cato: ↗ zu 10, 7) und Fabeln zum Auswendiglernen; „die alten lateinischen Schriftsteller sind der (mittelalterlichen) Schule so gut wie ganz fremd". (Paulsen 23)
Als die Schulen nicht mehr zur Vermittlung des Lernstoffs ausreichten, kam es ab ca. 1200 zur Gründung von Universitäten, in Deutschland ab 1348 in Prag (bis 1506 folgten weitere 14). Die Schulen wurden damit zu Vorbereitungsstätten der Universität, die manche Lehrgegenstände von ihnen übernahm, aber vertiefte, z. B. die *septem artes liberales,* nach deren Studium man den ersten akademischen Grad, das Bakkalaureat, erreichte (so noch im 20. Jh. in Frankreich, England und Nordamerika). Lateinlernen war für die Bildungsschicht eine Notwendigkeit; Liebe zum Latein konnte freilich der Unterricht mit dem sturen Auswendiglernen der Grammatik nicht wecken.

Deutsches Schulleben im 16. Jh. E 5—7

Die eigenständige Persönlichkeit wurde von Reformatoren und Humanisten ernster genommen als im Mittelalter, wo der einzelne weitgehend in seinem Stande aufging. Wie wirkt sich das nun auf die Schule aus?

E 5 Fragen der Organisation und Terminologie

1. Eine ausgebaute Volks- bzw. Grundschule gab es im 16. Jh., zumal in der ersten Hälfte, nur in Ansätzen. 1569 übernahm in Bayern der Staat — d. h. der Herzog — zu der älteren Sorge für die Landesuniversität auch die Leitung des „Mittel- und Volksschulwesens". Das Volk erhielt im Zeitalter der Reformation (und der Gegenreformation) nur eine religiöse Unterweisung, etwa durch den Küster (vgl. *custos* — heute sagt man Mesner), allenfalls noch Unterricht in Lesen, Schreiben und etwas Rechnen. Die Schulordnungen der Landesfürsten und der (großen) Städte galten

vor allem den Gelehrtenschulen. Anreger und Organisator war hier vor allem Melanchthon († 1560), der auch über seine Lehrbücher und seinen großen Schülerkreis wirkte, so daß er mit Recht *‚praeceptor Germaniae‘* genannt wurde. Die protestantische Gelehrtenschule (etwa 1524 in Magdeburg, 1525 in Eisleben, 1526 in Nürnberg das heutige Melanchthongymnasium) und mehrere Universitäten (etwa 1527 in Marburg) verdanken ihm ihre Entstehung.

2. Diese Gelehrtenschule umfaßte drei Stufen:

— In der ersten, zahlenmäßig größten, einer Art Vorstufe, lernte man Lesen und Schreiben (↗ 8) sowie die regelmäßige Flexion und benützte dazu eine lateinische Fibel mit Gebeten und Lesestoff für die ersten Übungen; diese Stufe hieß auch Elementarstufe.

— Die zweite Stufe — oft in zweite und dritte Klasse unterteilt — behandelte zunächst die weitere lateinische Formenlehre und übte sie mittels der ‚Disticha Catonis‘ (↗ zu 10, 7 *Catonem*) oder z. B. mit der ‚Paedologia‘ des Mosellanus (↗ E 8), dann die — damals *constructio* genannte — lateinische Syntax, deren Kenntnisse man mit Fabeln und ausgewählten Briefen Ciceros festigte. Nach ihrem Hauptgegenstand hieß diese Stufe auch Grammatikstufe; noch im 20. Jh. nannte man in Frankreich die 6., 5. und 4. Klasse classes de grammaire.

— Die dritte Stufe — mit dem humanistischen Unterricht der Klassikerlektüre (unter Bevorzugung von Cicero und Vergil) und mit Griechisch, u. U. unterteilt in vierte und fünfte Klasse — vertiefte zunächst den Grammatikunterricht und befaßte sich mit Prosodie (d. h. mit der korrekten Aussprache der langen und kurzen Silben; dies diente dem Ziel, später selbst Verse schreiben zu können — dieses Lehrziel galt an deutschen Gymnasien bis ins 19. Jh.) und betrieb dann auch Rhetorik und Dialektik. Diese Stufe hieß nach ihrem wohl wichtigsten Ziel auch Rhetorikstufe.

Bisweilen gab es sechs, in Straßburg acht bis zehn Jahreskurse. Der Unterricht mit *praeceptum* (Regelbuch wie Fibel und Grammatik), *exemplum* (Lesestück; Autor) und *imitatio* (selbständige Anwendung) zielte auf eine „möglichst große Fähigkeit im sprachrichtigen, gewandten, logisch disponierten lateinischen Vortrag“ (Paulsen 357).

3. Folgende Benennungen sind für die Gelehrtenschule üblich:

— *ludus* (*litterarius* ↗ 2) ist wohl t. t. der Unterstufe; trotz mancher Ähnlichkeit ist ein Vergleich mit unserer Grundschule falsch.

— *schola* ist allgemein die (höhere) Schule als Ort der „Muße“ für wissenschaftliche Studien — im Gegensatz zur Arbeit mit „Körper und Hand“, die als schmutzig gilt (↗ 9). Gelegentlich meint *schola*

auch „Klasse" (↗ 1, 8 *habet Varro scholam frequentissimam* bzw. den Titel *rector scholarum:* Plural!).
— *gymnasium* bedeutet die höhere Schule, wenn sie einen „vollständigen humanistischen Kursus, jedenfalls in beiden (alten) Sprachen hatte" (Paulsen 330), mitunter auch „Hochschule"; gelegentlich bildeten ganze Schulen einen Teil der Universität (↗ 9, 3/4). Das Wort *gymnasium* wird erst im 19. Jh. zur offiziellen und ausschließlichen Bezeichnung für die auf das Universitätsstudium vorbereitende Schule.
Neben der protestantischen Gelehrtenschule wurde das deutsche Schulwesen im 16. Jh. ab der zweiten Hälfte wesentlich durch den Jesuitenorden gefördert (etwa 1549 das Gymnasium in Dillingen und 1559 in München das Wilhelmsgymnasium); diese Jesuitenschulen hatten seit 1599 eine europaweit straff organisierte Studienordnung, die auf humanistischer Grundlage aufbaute.
4. Die Gelehrtenschule (ebenso die Jesuitenschule) wurde nur von begabten Knaben besucht. Enttäuschten diese die Erwartungen, schieden sie aus. Es gab weder ein vorgeschriebenes Eintrittsalter noch eine Schulpflicht (letztere wurde etwa in Preußen 1763, in Bayern 1771 festgelegt), auch keine Mindestschulzeit.
Auch der Zugang zur Universität war weder an Prüfungen noch an ein bestimmtes Alter gebunden (man besuchte sie meist ab 15 bis 20 Jahren). Ja, eine klare Abgrenzung im Unterricht zwischen Gelehrtenschule und Hochschule (die damals nur Ort der Lehre, nicht der Forschung war) bestand bis ca. 1800 nicht. Es gab nur den rechtlichen Unterschied, daß allein die Universität akademische Grade *(baccalaureus, magister, doctor)* verleihen konnte.
Die Gelehrtenschulen hatten in der ersten Hälfte des 16. Jh. meist weniger als 100 Schüler, die Universitäten eher 100 bis 300 Studenten (vgl. die Listen bei Paulsen 627 f.). Wenn 1564 das berühmte „Schulzentrum" in Genf 600 Schüler umfaßte (Cordier IV 25), so entsprach das dem damals zunehmenden Bildungsinteresse. Es fehlten aber klare Vorschriften über Richtzahlen bei den Klassenstärken, über das jeweilige Alter der Schüler oder über einheitliche Prüfungen. In all diesen Fragen entschied der Lehrer entsprechend den Gegebenheiten. Die Schulaufsicht betraf vor allem den Religionsunterricht. Die Lehrer führten im Klaßleitersystem ihre Lerngruppen und achteten auf strenge Auslese als Voraussetzung für die nächste Abteilung/Klasse.
5. Unterricht erteilten der Schulleiter (*rector* [*scholarum*] bzw. *ludi magister*), der bei Stadtschulen meist für ein Jahr vom Stadtrat (wieder-)gewählt und bezahlt wurde, und die weiteren Lehrer

(*doctores, praeceptores* oder *institutores* genannt); dazu kamen oft ein Gehilfe (*hypo-didascalus* „Unterlehrer") und der *cantor* sowie ältere Schüler (*famuli* ↗ 3).
Die Lehrer waren vielfach studierte Theologen, die vor ihrem Fachstudium gründlich Latein und Griechisch gelernt hatten. Ein klar festgelegtes Lehramtsexamen gab es nicht. Beim *rector* erwartete man den akademischen Grad eines *magister artium.* An den großen (staatlichen) Landesschulen der Fürsten blieben die Lehrer lebenslang, sonst galt der Beruf des Schulmeisters „als Vorstufe und Anfang des geistlichen Amtes" (Paulsen 335).

E 6 Unterrichtsfächer und -mittel

1. In katholischen und protestantischen Schulen des 16. Jh. war Religionsunterricht ein zentrales Fach und zugleich allgemeines Unterrichtsprinzip. Der sonstige Schwerpunkt war die Erlernung und Pflege des Lateinischen; dazu kam vielfach das Griechische, das an den eigentlichen Gelehrtenschulen intensiv, an den kleineren Schulen wenigstens in seinen Elementen gelernt wurde, gelegentlich noch etwas Hebräisch. Deutsch war wohl in den untersten Klassen als Verständigungsmittel z. T. zugelassen, es war aber kein besonderes Fach (vor allem nicht mit Literaturunterricht). Mathematik und Physik, Geschichte und Erdkunde wurden erst allmählich eingeführt. Sport wurde in manchen Schulen zum Ausgleich zweimal in der Woche gegeben. Insgesamt wurde der Schulkursus gegenüber dem Mittelalter stark ausgedehnt.
2. Der Lehrer sorgte z. T. selbst für die Lehrbücher; so entstanden die sog. lateinischen SCHÜLERGESPRÄCHE der Humanisten. Diese dienten als Muster für einfache Unterhaltungen und als Vorbereitung auf die Lektüre antiker lateinischer Autoren und auf die Disputation, in der man eigene Thesen auf lateinisch verteidigen mußte, bzw. auf die lateinische Gelegenheitsrede. Die Schülergespräche dienten auch einer pädagogischen Wende in der Unterrichtsmethode: weg von dem jahrelangen sturen Pauken der auswendig gelernten Grammatik. Die erste der mindestens 17 Sammlungen (um 1480) war noch wenig sorgfältig; ab etwa Mosellanus (↗ E 8) wurden sie stilistisch ausgefeilter.
3. Diese Dialoge wurden meist in einer relativ tiefen Klasse (vielfach der zweiten oder dritten) behandelt. Dabei wurden sie nicht bzw. nur gelegentlich zur Überprüfung des Verständnisses ins Deutsche übersetzt — im 17./18. Jh. wurde dies freilich zur Regel.

Am Anfang stand vielmehr das *Konstruieren* — d. h. der Lehrer bot eine erleichternde Umstellung der Wörter nach der sog. Konstruktionsmethode, die als *ordo naturalis* angesehen wurde: Subjekt (mit seinen Attributen) — Verbum — Objekte und Adverbialien (also mit Mittelstellung des Verbs wie im Deutschen: vgl. R. Pfister, in: Auxilia 17, 147–149). Dann folgte das auch von Erasmus empfohlene *Exponieren,* bei dem seltene Ausdrücke mit gängigen umschrieben wurden — was zu zahlreichen Glossen mit Synonymen in den Handschriften/Ausgaben führte. Nach dem mehrmaligen *Lesen* mit verteilten Rollen wurden die Gespräche schließlich *auswendig gelernt* und (mehrmals) *vorgetragen.*

E 7 Das Leben in den Schulen des 16. Jh.

Trotz regionaler und zeitlicher, nach der Reformation auch religiöser Unterschiede entsteht aus den Schulordnungen und besonders aus den Schülergesprächen ein im ganzen einheitliches Bild (vgl. den Anhang von Bömer):

1. Beim Schuleintritt im März, der mit Festzug und Vogelschießen gefeiert wurde, mußte sich der Neuankömmling beim Rektor und seinen Gehilfen zur Unterkunft melden (↗ 25). Durch Beherbergung solcher *disciputi domestici/contubernales* (↗ 3,6; 1,9) verbesserten die Lehrer ihre schlechten Einkünfte; die Schüler wohnten aber auch bei Leuten in der Stadt (↗ 25, 7).

Der Unterricht war streng, doch viel humaner als im Mittelalter; auf die Prügelstrafe wurde aber nicht verzichtet (↗ zu 20, 17 *virga*), besonders bei der Erlernung der latein. Grammatik. Ja, es gab sogar einmal pro Woche einen „Gerichtstag" (↗ 21). Zur Verhinderung der bei den Humanisten i. allg. verpönten Muttersprache (↗ zu 6, 25) gab es heimliche Aufpasser (*Corycaei* ↗ zu 21, 27 bzw. *observatores* ↗ 13). Diesen versuchten sich die Schüler verständlicherweise und mitunter erfolgreich zu entziehen. Diese Härte diente dem „Ziel", über alles lateinisch „Informationen" austauschen zu lernen (vgl. Cordier I 1 *fines scholasticorum colloquiorum [sunt] Latinitas et mutua informatio).*

2. Der Tagesablauf war, wie in einer Internatsschule, ziemlich streng geregelt; er bot aber auch eine Reihe von Abwechslungen. Oft beklagt wird das frühe Aufstehen (↗ 22); der Tag begann in der Regel um 6 Uhr mit Morgengebet (↗ 6) bzw. Frühmesse (↗ 22). Unterricht war vormittags, z. T. auch am Nachmittag (↗ 15, 5). Über die Kost bietet Vives exercitatio 7 genaue Angaben; sie war i. allg. eher einfach (↗ 29); die Knaben teilten oft ihre Portionen

miteinander. Beim Essen und Trinken wurde streng auf gute Sitten geachtet, wofür es ganze Kataloge gab. Auf saubere Kleidung legte man Wert (↗ 26). Das gute Benehmen überwachten die *paedagogi,* meist ältere Schüler, die auch von reicheren Eltern für ihre Söhne als eigene Hauslehrer herangezogen wurden (↗ zu 8, 42).
In den einfachen Schlafstellen, die winters um 21 Uhr, sommers um 22 Uhr geschlossen wurden, litt man unter Kälte (↗ 24) und Ungeziefer (↗ 29), obwohl die Lehrer dagegen vorgingen (↗ 17). Selbstverschuldetes Fehlen oder Zuspätkommen (↗ 15) wurde meist streng bestraft, Nachsicht kam aber vor (↗ 14). Man konnte sich aber freien Ausgang erbitten bzw. erschwindeln; ein beliebter Grund war die wirkliche oder angebliche Hilfe für Eltern oder Wirtsleute (↗ 23). Wirtshausbesuch war zwar verboten, wurde dadurch aber nicht ausgeschaltet.
3. Meist werden arme Schüler geschildert; groß waren ihre regelmäßigen Kosten für Unterkunft und Verpflegung, für Schulgeld (↗ 20) und Bücher (↗ 10/11); freilich wurde das Schulgeld den Ärmsten erlassen. Der Geldmangel führte auch zur Kleidernot, ja es kam zum Betteln (↗ 24/25), u. zw. regelmäßig oder an Festtagen bestimmter Heiliger (St. Martin/11.Nov.; St. Blasius/3. Febr.) sowie an Fastnacht und Ostern.
Die Schüler erhielten aber auch Gelegenheit zu Vogel- und Fischfang, zu Spaziergängen (↗ 5) und Geburtstagsfeiern (↗ 27), mitunter gab es freien Ausgang (↗ 5: an Markttagen). Vor allem hatten sie — anders als im Mittelalter — Ferien, zumal im Sommer, dazu bei der Weinlese und an kirchlichen Festen; letztere brachten freilich auch lästige kirchliche Dienste mit sich (↗ 31).
Einen wichtigen Ausgleich boten die erst jetzt eifrig betriebenen körperlichen Übungen und Spiele; dabei waren besonders Wettlauf und Springen üblich. Gern spielte man Ball (↗ 30) und Kreisel. Kartenspiel und Würfeln waren trotz des Verbotes nicht selten.
In zwei Bereichen waren die humanistischen Schulen wesentlich besser als die mittelalterlichen: in der Praxis des Sprachunterrichts und in der Betonung und Art des körperlichen Ausgleichs.

1.3 Verfasser von Schülergesprächen E 8–10

Aus der wesentlich größeren Zahl von Verfassern von Schülergesprächen (↗ E 6. 2) sind die wohl drei bedeutendsten ausgewählt. Sie sollen nach dem jeweiligen Erscheinungsjahr ihrer Gesprächssammlungen (1518. 1539. 1564) vorgestellt werden.

E 8 Petrus MOSELLANUS (= Peter Schade „von der Mosel“, 1493—1524)

1. Im Kölner Humanistenkreis erhielt er seit 1509 frühe Anregungen. Einem Mitglied widmete er daher seine ersten Arbeiten, z. B. die Ausgabe der Komödie Plutos von Aristophanes († um 385 v.), womit die deutschen Aristophanes-Studien begründet wurden.
Ab 1515 war er in Leipzig, der damals beliebtesten deutschen Universität, Dozent für Latein, ab 1517 auch für Griechisch; fast hätte man ihn statt des vier Jahre jüngeren Melanchthon 1518 nach Wittenberg berufen. Damals hielt er in Leipzig seine Antrittsrede ‚Oratio de variarum linguarum cognitione comparanda‘ („. . . Erwerb der Kenntnis . . .“), die ihm Erasmus’ Anerkennung eintrug. Mit Mosellanus nimmt die Pflege des Griechischen in Leipzig einen deutlichen Aufschwung, wie Ulrich v. Hutten († 1523) lobend feststellt.
Bei der Disputation auf dem Schlosse Pleißenburg in Leipzig (Juni/Juli 1519) zwischen Johannes Eck und Luthers Kollegen Karlstadt, in die sich Luther dann selbst einschaltete, hielt er die Eröffnungsrede (‚Oratio de disputationis ratione‘ — einen Aufruf zum ehrlichen Kampf im Disputieren) und berichtete auch über den weiteren Verlauf. Nach Erlangung eines theologischen Grades wurde er 1520 Rektor und hielt Vorlesungen u. a. über Augustinus († 430) und die Paulusbriefe. Seine Beziehungen zu Luther kühlten allmählich ab. Dieser nannte ihn 1522 einen „Erasmier durch und durch“; tatsächlich fühlte er sich zu Erasmus’ Haltung hingezogen; er war wie dieser ein religiöser Mensch mit ethischen Maßstäben, die er in den antiken Schriften vorbildlich formuliert fand; in den innerkirchlichen Streit wollte er sich nicht hineinziehen lassen. Umgekehrt wurde sein Freund Poliander, Ecks Sekretär, durch die Leipziger Disputation für Luther gewonnen.
Mosellanus studierte auch die frühchristlichen Autoren und besorgte mehrere Übersetzungen griech. Autoren ins Lateinische, so von dem Kirchenvater des 4. Jh. Gregor v. Nazianz. Als er 1524 starb, schrieb sein Förderer, der Herzog Georg v. Sachsen, an Erasmus: *Fuit enim is vir summum Lipsiensis gymnasii* („. . . der Hochschule von Leipzig“) *decus.*

2. Seine **‚Paedológia‘** (Gesprächsbüchlein für Knaben“: 1518) — dem Rektor der Leipziger Thomas-Schule Johannes Poliander, einem der „Evangelisten Preußens“ († 1541 in Königsberg), gewidmet — umfaßt 35 Gespräche, denen 1520 noch zwei hinzugefügt wurden. Sie bietet keine bloßen Gesprächsformeln oder fachwissenschaftliche Belehrung in Frage- und Antwortform wie im Mit-

telalter, sondern ansprechende und einprägsame Beispiele für lateinische Unterhaltungen. Dabei ist neben dem Inhalt der Gespräche (Interessen und Sorgen der Schüler) vor allem die Form der Darbietung wichtig. Diese Gesprächsmuster wollen zum lebendigen Gebrauch einer guten lateinischen Umgangssprache anleiten. Sie sollen nicht mechanisch auswendig gelernt werden, denn Mosellanus lehnte das damals häufige papageienmäßige Nachsprechen entschieden ab.

Die Schüler dieser Gespräche sind Typen; sie charakterisieren sich durch das, was sie tun oder nicht tun; eine innere Beziehung der Namen zu den Gesprächen ist in der Regel nicht gesucht. Auch der Ort der Gespräche ist i. allg. unbestimmt. Der übliche Ablauf geht von einer Frage bzw. einer verwunderten Feststellung aus, worauf der Dialog Auskunft erteilt. Fast immer sprechen nur zwei Personen. Die Dialogform ist geschult an dem römischen Komödiendichter Terenz († 159 v.) und — wie häufig bei den Humanisten — an dem griechischen Schriftsteller Lukian († nach 180 n.), von dem auch Mosellanus zwei Dialoge latinisierte, u. zw. zur selben Zeit, als er an der ‚Paedologia' arbeitete. Trotz des Dialogs ist man heute bei der Feststellung einer „Nähe des Kunstdramas" (Michel XXI) vorsichtiger, da eine fortlaufende und sich entwickelnde Handlung fehlt. Die Abfolge der Dialoge ist vielmehr teilweise willkürlich und im zweiten Teil nur äußerlich geordnet nach den (1518 noch allgemein im Bewußtsein verankerten) Daten der kirchlichen Feste. An eine szenische Darstellung seiner Gespräche hat Mosellanus auch nicht gedacht.

Das Latein ist vor allem an Cicero, von dem Mosellanus eine Phrasensammlung angelegt hatte, und Terenz geschult. Im übrigen will er, daß die Schüler ihren Vokabelschatz erweitern; daher läßt er eine Reihe von nachklassischen Wörtern einfließen. Mosellanus hatte freilich — wie überhaupt das 16. Jh. — keine ausreichende Behandlung der Syntax und Satzlehre Ciceros (↗ E 11. 3/4).

Mosellanus' Schülergespräche hatten zwar Vorläufer, doch kannte er diese offensichtlich nicht. Für die Nähe zur Schule und damit für den Erfolg sorgte sein Freund Poliander. Die Sammlung hat die meisten Auflagen aller Schülergespräche erhalten. Michel zählt S. XXXVIII elf Schulordnungen des 16. Jh. auf, in denen Mosellanus empfohlen wurde, u. zw. meist für die zweitunterste Klasse. Drei weitere Verfasser von Schülergesprächen berufen sich ausdrücklich auf ihn, einer hängt wohl von ihm ab, ohne ihn zu nennen.

E 9 Juan Luis VIVES (geb. 1492 in Valencia, † 1540 in Brügge)

1. In seiner Heimatstadt Valencia erhielt er seine erste wissenschaftliche, nicht nur philologische Ausbildung und studierte ab ca. 1509 in Paris Philosophie und Naturwissenschaften. Erst in Löwen/Belgien lernte er unter Ersasmus' Einfluß die alten Autoren auch wegen ihres Inhalts schätzen. Ab 1512 war er oft im belgischen Brügge, das ihm zur zweiten Heimat wurde. Erasmus, der ihn überaus schätzte, verschaffte ihm wissenschaftliche Aufträge — so erlebte sein Kommentar zu Augustinus' ‚Civitas Dei', den er Heinrich VIII. von England widmete, 16 Auflagen — und die Erzieherstelle bei dem jugendlichen Kardinal Croy (1516/21). Seine mutigen Schriften (z. B. ‚Contra Pseudoscholasticos') fanden die Billigung von Budaeus (= Budé, der „Erasmus Frankreichs"; † 1540) und des größten englischen Humanisten Thomas Morus († 1535), der auch die ‚Sex declamationes' mit ihren maßvollen Reformvorschlägen rühmte, die Vives Erzherzog Ferdinand, dem Bruder und Nachfolger von Kaiser Karl V., widmete. Morus verwendete sich auch für ihn mehrfach beim englischen König, als Vives nach Croys Tod in Not kam. Seine Schrift ‚De institutione feminae Christianae', die er der englischen Königin Katharina (einer Spanierin, der damaligen Frau von Heinrich VIII.) 1523 widmete — sie wurde sofort ins Deutsche und Englische übersetzt —, empfahl ihn als Erzieher der Prinzessin Maria, der späteren Königin Maria der Katholischen (1553/8), und als Professor in Oxford (1523/8).

Hier verfaßte er zahlreiche Schriften pädagogischen, philosophischen, sozialen und politischen Inhalts, u. a. ‚Epistulae de ratione studii puerilis' — ‚Introductio ad sapientiam' — ‚De subventione pauperum': darin wurde erstmals die staatliche Armenfürsorge nachhaltig empfohlen — ‚De Europae dissidiis et bello Turcico'. In den Streit um die Rechtmäßigkeit von Katharinas Ehe hineingezogen, stellte er sich klar auf die Seite der Königin — er riet ihr freilich privat zum Verzicht —, so daß er Professur und Erzieherstelle verlor. Er verließ England und geriet in bittere Armut.

Damals schickte er Karl V. den Traktat ‚De concordia et discordia' und dem Erzbischof von Sevilla (↗ zu 8, 2) die Schrift ‚De pacificatione', in der er die deutschen Fürsten und Stände zur Eintracht ermahnte. Sein bedeutendstes Werk ‚De disciplinis' widmete er 1531 König Johann III. von Portugal, dem Schwager Karls († 1557); es erfuhr bereits bis 1536 sieben Auflagen und gilt in der Pädagogik als epochemachend.

2. In der folgenden, meist entbehrungsreichen Zeit verfaßte er zahlreiche religiöse Abhandlungen. In seinen letzten Jahren erhielt er

noch einen ehrenvollen und einträglichen Auftrag in Breda/Belgien am Hof der Fürstin Mencia de Mendoza, der Gemahlin des Herzogs von Nassau; er sollte sie das Griechische und Lateinische lehren. Damals entstand u. a. das 25 Dialoge umfassende und dem spanischen Prinzen Philipp, dem späteren König Philipp II. († 1598), gewidmete Werk **‚Exercitatio linguae Latinae'**; es wurde 1539 gedruckt, erlebte allein bis 1656 neun Auflagen und wurde in zahlreiche europäische Sprachen übersetzt. In Deutschland wurde es schon 1549 von einem Schüler Melanchthons in einer Auswahl benützt; am Philanthropinum in Dessau/Sachsen las man es — im Anschluß an Corderius — noch 1782.
1539 beendete der Tod des Herzogs den Aufenthalt von Vives am Hof. Danach schrieb er die fünf Bücher ‚De veritate fidei' in Brügge, wo er 1540 starb.
Trotz seiner kritischen Haltung gegenüber manchen Mißständen blieb er immer auf dem Boden der katholischen Kirche, ja er war noch friedlicher als Erasmus. Am meisten wirkte er durch seine pädagogischen Schriften. In ihnen versuchte er, die christliche Lehre mit den humanistischen Studien zu verbinden, ohne ihr den Primat zu nehmen. Seine Gedanken über das Verhältnis der Wissenschaften, die Pflege der Muttersprache (im Unterschied zu Erasmus), des Gedächtnisses, der guten Sitten (statt einer Gesetzesflut), die Betonung der Beobachtung, die Verbindung von Sprach- und Sachunterricht, die individualisierende Behandlung der Schüler, die väterliche Haltung des Lehrers, der mehr durch Beispiel als durch Strenge wirke, erweisen den einsichtsvollen Pädagogen.

E 10 Maturinus Corderius (= Mat[h]urin Cordier, 1479–1564)
1. 1479 in armen Verhältnissen in N-Frankreich geboren, studierte er in Paris und wurde Priester; seit 1514 widmete er sich ausschließlich der Erziehung der Jugend an verschiedenen Schulen Frankreichs und später in der französischen Westschweiz. Die äußeren Stationen seines Lebens sind der Vorrede zu seinen ‚Colloquia' zu entnehmen.
Als Pädagoge erstrebte er nicht den Ruhm des Universitätslehrers wie die bisher genannten Humanisten, sondern wirkte volle 50 Jahre als *grammaticus,* d. h. er lehrte Schüler die Elemente des Lateinischen. Diesem Anliegen sind auch seine (z. T. verlorenen) Bücher gewidmet. In seiner 1530 erschienenen und noch erhaltenen Schrift ‚De corrupti sermonis emendatione' legte er eine Muster-Sammlung von französisch-lateinischen Phrasen vor und trug damit indirekt auch zur Pflege der französischen Sprache bei.

Seit dieser Zeit wendete er sich nach erneuten theologischen Studien den Reformierten um Calvin zu, was ihm zahlreiche Verfolgungen bzw. ein unruhiges Wanderleben einbrachte.
Auf Einladung seines früheren Schülers und späteren Freundes, des Reformators Calvin, ging er 1538 nach Genf und lehrte seitdem in der Westschweiz: 7 Jahre in Neuchâtel und 12 Jahre in Lausanne. Mit 80 Jahren aus dem Schuldienst entlassen, ging er zurück nach Genf, wo er in bitterer Armut lebte. 1562 übernahm er noch einmal eine Klasse und machte sich daran, seine seit 1560 entstandenen ‚Colloquia scholastica' zu sichten und zu ergänzen. Die Anregung dazu gab ihm sein Freund und Glaubensbruder, der damals in Genf wirkende Buchdrucker Robert Stephanus (= Etienne); den Druck überwachte dessen berühmterer Sohn, der Humanist Henricus (II.) Stephanus († 1598), der neben seinem fünfbändigen Hauptwerk ‚Thesaurus Graecae linguae' zahlreiche griechische Autoren herausbrachte, deren Seitenzählungen noch heute verbindlich sind, z. B. bei Platon.
2. Diese **Colloquia** in 4 Büchern mit 228 meist kurzen Nummern stellen für die damalige Zeit besonders wirklichkeitsnahe Schülergespräche dar, die von Buch zu Buch an Länge und Schwierigkeitsgrad zunehmen. Die Namen gehen auf eigene Schüler zurück. Ihr Ziel ist es, *ut pueri pietatem bonosque mores cum humaniorum litterarum studiis coniungerent.* Sie sollen nicht auswendig gelernt werden, *sed horum perfacile edisces plura saepe legens.* Diese Colloquia, die von einem engagierten Pädagogen zeugen, hat man sein literarisches „Testament" genannt. Kurz nach der Veröffentlichung starb er 85jährig und wurde neben dem im selben Jahr 1564 verschiedenen Calvin beigesetzt. Seine Colloquia waren die einzige erwähnenswerte Sammlung von Schülergesprächen in der zweiten Hälfte des 16. Jh. Sie fanden bald eine große Verbreitung mit zahlreichen Übersetzungen und waren wegen ihres klaren und besonders einfachen Lateins in der Schweiz und Deutschland bis Ende des 18. Jh. in Gebrauch. So hat sie etwa der Komponist J. S. Bach († 1750) in seinen Lateinstunden benützt, die er an der Leipziger Thomasschule neben seinen musikalischen Verpflichtungen gab. Sie wurden aber oft auch z. T. stark verändert: Der Pädagoge Basedow († 1790) hat sie in der Ausgabe von 1786 im Sinn der damals herrschenden Aufklärung umgeschrieben und aus der Frohen Botschaft des Evangeliums, die bei dem tiefgläubigen Cordier eine große Rolle spielte, eine Botschaft des Friedens gemacht, den Namen Christus getilgt und Zitate aus dem Neuen Testament mit „ein Weiser sagte" eingeleitet. Während im 16./17. Jh. — im Zeit-

alter der Glaubensstreitigkeiten und -kämpfe — katholische Pädagogen die kritischen Bemerkungen zum Papsttum als „protestantisch“ entfernten, wurde hier durch Beseitigung aller christlichen Elemente ein Lehrbuch für „Schüler aller Religionen“ geboten. Diese und andere Bearbeitungen, vielfach auch Kürzungen, entstanden aus der Erkenntnis, auf dieses nützliche Mittel des Lateinunterrichts — das im 18. Jh. meist im dritten Lateinjahr verwendet wurde — nicht ohne Schaden verzichten zu können. Mit dem Neuhumanismus, der seit ca. 1750 den Bildungswert der Lektüre antiker (auch griechischer) Autoren gegenüber dem Lateinsprechen betonte, verschwinden in Deutschland allmählich solche Gesprächsbücher (vgl. auch Fritsch 36/37). In Frankreich und England gab es noch im 19. Jh. mehrere Ausgaben, zuletzt 1874; sogar in Nordamerika erschien im 19. Jh. eine ganz eigene Fassung.
Am meisten geschätzt wird Cordier von seiten der Protestanten, für die er ein Markstein protestantischer Pädagogik ist; Cordier hat wahrscheinlich auch an der Abfassung der Genfer Schulordnung von Calvin maßgeblich mitgewirkt (Le Coultre), die bis 1798, wo Genf seinen Charakter einer protestantischen Stadt verlor, richtungweisend war.

1.4 Das Latein der Schülergespräche

E 11 Der Stil der lateinischen Schülergespräche der Humanisten orientiert sich an den antiken, freilich nicht nur den klassischen Autoren Cicero und Caesar. Ja, Erasmus lehnte das sklavische Nachäffen von Ciceros Sprache 1528 in seinem ‚Ciceronianus‘ ausdrücklich ab. Für das Ideal der gepflegten Umgangssprache (↗ auch zu 11, 38 *consuetudo*) finden sich die besten Anregungen in den Briefen Ciceros und den Dialogen der Komödien des Terenz, die von den Humanisten viel gelesen und als Vorlage benützt wurden. Der Wortschatz wird, sofern nötig, durch eine Reihe von nachklassischen, z. T. dichterischen Wörtern ergänzt; gelegentliche griechische Wörter in lateinischem Gewand sollen z. T. die Bildung des humanistischen Autors belegen, z. T. enthalten sie eine besondere Nuance, die auf lateinisch weniger deutlich wäre.

Die folgenden Punkte sind für den Schüler auffällig:

1. FORMENLEHRE

Ungewöhnlich sind einzelne Formen von *ire* (↗ zu 6, 5 *iveram*). Üblich sind wie auch in der Antike die vielen Kurzformen beim Verbum (etwa *impetraram* — *mandasti* — *petisti* — *explicarint*). Sie sind kein Zeichen der Umgangssprache, sondern auch in klassischer Prosa und Dichtung die z. T. geläufigeren. In der 2. Pers. Sing. Pass. begegnet (beim Ind. Präs. 8, 39) öfters *-re* statt *-ris,* was dem Sprachgebrauch Ciceros entspricht (z. B. 25, 47 *iuvábere*). Überraschend zahlreich sind die Supin-Formen auf *-tum* (achtmal) nach Verben der Bewegung: *(prod-)ire, venire.*

Häufig sind die sog. *-nd-* Formen, selten dagegen ist das Partizip Präsens. Letzteres entspricht der schon antiken Zurückhaltung der Volkssprache gegenüber Partizipial-Konstruktionen (besonders bei Plautus); die romanischen Sprachen kennen das Part. Präs. nur noch in adjektivischem Gebrauch (Szantyr 383/4). So werden z. B. im Französischen Partizipialkonstruktionen nur in der geschriebenen Sprache verwendet, das Part. Präs. in adjektivischem Gebrauch (korrekter „adjectif verbal") begegnet häufig in der Umgangssprache.

2. KASUS-SYNTAX

Sie orientiert sich am Sprachgebrauch der antiken, meist auch der klass. Autoren. Häufig begegnet der gen. partitivus (z. B. 1, 16 *Ecquid rei est?* — Dieser Genitiv-Gebrauch findet sich oft in der altlat. Umgangssprache, bei Cicero in frühen Reden und in Briefen).

3. STILISTIK

Bei den Modi steht manchmal der Konj. statt des Indikativs bei
- rein temporalem *antequam* 6, 9 (nachklassisch),
- *hodie cum* 8, 3 als cum relativum in rein temporalem Sinn,
- verallgemeinernden Relativsätzen (z. B. 23, 21),
- nach *nisi forte* 26, 40/41 (spätlateinisch).

Den verneinten Imperativ bezeichnet neben klass. Prohibitiv auch
- *ne* + Imperat. (22, 14 *ne festina* — vgl. Cicerobriefe, Komödien),
- *ne* + Konj. Präs. (24, 15 *ne quid effutias* — wie in Cicerobriefen).

Mehrfach erscheint der Konj. Impf. für den Konj. Präs., u. zw.
- bei der unwilligen Frage (5, 21 *Egone recusarem?* Ich sollte . . .?,
- beim Deliberativ (26, 23 *Unde peterem?*),
- beim Potentialis (26, 24 *posses;* Z. 41 *nolles*).

Auffällig sind weiterhin:

- die Wortstellung (sie ist hier z. T. erleichtert),
- die schon in der antiken Umgangssprache häufige Verwendung der Ellipse (nicht nur von *esse/est*: 24, 5 von *sumus;* von *sit* ↗ E 12 *deo/deis gratia* — von Pronomina: 2, 19 von *iis),*
- *der Bezug des Verbums zu einem fernstehenden Subjekt,*
- *der absolute Gebrauch von Verben, die gewöhnlich ein Objekt bei sich haben (z. B. 30, 18 ferio*),
- selten die unscharfe Verwendung von Partikeln (z. B. 24, 3 *iam*).

Wegen ihrer relativen Häufigkeit sind vor allem noch zu erwähnen:

- Fragepartikeln „fehlen" oft (*non* für *nonne* — vgl. die Komödie).
- Als kausale Konjunktion begegnet häufig *quando* (*-quidem*), das romanische Sprachen eher temporal verwenden.
- Bei Aufzählungen steht *et* oft beim 3. Glied (Komödie; nkl.).

Weitere Besonderheiten sind bei der jeweiligen Einzelstelle vermerkt; sie entsprechen durchweg dem Sprachgebrauch der Komödie oder der nachaugusteischen Epoche.

4. Das sog. „HUMANISTENLATEIN"

Dieses — über das Gesagte hinaus — näher zu präzisieren, ist schwer. Der derzeit beste Kenner des Neulateins Ijsewijn nennt:

- die länger bestehende Unsicherheit in der korrekten Anwendung der Pronomina *suus, sui* und *eius;* der Humanist Lorenzo Valla († 1457) versuchte, das Problem zu klären, doch besteht die — schon antike: Menge § 232 — Unsicherheit noch lange weiter. (Sie spielt freilich für unsere Ausgabe keine besondere Rolle.)
- den Abl. Sing. des Komparativs auf *-i* ↗ zu 25, 18 *graviori*).

Häufig zeigt sich eine gewisse Lockerheit im Gebrauch von Indikativ und Konjunktiv in Nebensätzen. Eine strikte Moduslehre kannten die Humanisten zunächst kaum (Anfänge finden sich bei Linacre 1524). Sie hatten auch keine Grammatik, aus der sie eine einigermaßen präzise Moduslehre lernen konnten, etwa eine Unterscheidung von potentialen und irrealen Fällen (↗ zu 26, 24 *posses*) oder die innerliche Abhängigkeit. Auch das Regelwerk der consecutio temporum ist eine Schöpfung des 19. Jahrhunderts. Schon eine klare Unterscheidung von Haupt- und Nebensatz war ihnen — wie auch der antiken Grammatik — unbekannt (z. B. in der Grammatik des Melanchthon); daher können etwa *tametsi* (2, 18; u. U. 30, 16 „indes"), *quando* (28, 10 „denn"), *quoniam* (16, 17 „denn") einen Hauptsatz einleiten, wie dies bei *quamquam* (25, 32 „indes") schon im klass. Latein üblich war.

ā (Präp. + Abl.)	(zeitlich:) gleich nach (*ā cēnā*)
ac-cūrātus, -a, -um	sorgfältig, genau
ád-modum (Adv.)	völlig, ganz/gar, sehr
aliō-quī (Adv.)	sonst; überhaupt
con-discipulus, -ī	Mitschüler
con-venīre alqm	jd besuchen
deō/deīs grātia	Gott/den Göttern sei (erg. *sit*) Dank
ē/ex- (bei Komposita)	(übertragen:) ganz/genau, sehr
ē-discere	auswendig lernen
forsan (Adv.)	vielleicht (~*fortasse*)
garrīre	schwätzen
hem (Interjektion)	Hm! (Ausruf des Staunens)
id-que (bzw. *eamque* . . .)	und zwar
īn-stitūtor, -ōris	Lehrer (↗ *īnstituere*)
lūdus (litter-ārius)	(Elementar-)Schule
lūdī magister	Schullehrer
mātūtīnus, -a, -um	morgendlich; Morgen-, Früh-
merenda, -ae (*merēre*)	Vesperbrot; Imbiß zur Mittagszeit
molestia, -ae	Ärger, Verdruß; Beschwerlichkeit
nempe (Adv.)	natürlich, etwa
pīla, -ae	Ball
plāga, -ae	Schlag, Hieb
poenās dare	bestraft werden („Strafgelder geben")
post-hāc (Adv.)	später, künftig (~ *posteā*)
prae-ceptor, -ōris	Lehrer (*prae-cipere*)
prandium -ī	(zweites) Frühstück (gegen Mittag)
prōd-īre (*prōd-eō*)	ausgehen (in die Stadt)
quandō (-quidem)	da (ja)
quī (Adv.)	wie; woher (*scīs?*)
quīn (+ Frage/Imperativ)	warum nicht . . .?/wohlan . . .!
quis-piam (Pron.)	irgendeiner (~ *ali-quis*)
reddere	(ein Pensum) wiedergeben, können
scholasticus, -a, -um	schulisch; Schüler(-)
sēdulus, -a, -um (Adv. *-ō*)	fleißig
si-quidem (Konjunktion)	da ja; im HS: denn
suf-ficere (*-iō*): + Inf.	können (*posse*)
tametsī (aus: *tamen-etsī*)	auch wenn; im HS: indes
usque (oft nachgestellt)	bis (zu . . .); neben *adeō* pleon.
vāpulāre	Schläge/Prügel bekommen
venia, -ae	Nachsicht; Erlaubnis

2. Lateinische Schülergespräche der Humanisten

1. Deductio ad ludum (Vives 3)

PATER, PHILOPONUS ludi magister, puer, PROPINQUUS

PA. Quaeso, mi Propinque, tu qui es versatus in studiis litterarum: ecquis est in hoc gymnasio optimus institutor puerorum?

PR. Doctissimus quidem Varro, sed diligentissimus et vir probissimus Philóponus nec eruditionis aspernandae. Habet Varro scholam frequentissimam et domi numerosum gregem contubernalium. Philoponus non videtur delectari turba, paucioribus est contentus.

PA. Hunc malo. Ellum in porticu gymnasii inambulantem. Fili, hoc est formatorium et quasi officina hominum et hic artifex formandi. Adsit tibi Christus, magister. Aperi caput, puer, et flecte póplitem dextrum, sicut es edoctus; sta iam rectus!

PH. Prosperus sit nobis omnibus tuus adventus. Ecquid rei est? *PA.* Hunc filiolum meum ad te adduco, ut ex belua hominem facias.

PH. Dabo in eam rem operam sedulam; fiet: revertetur ex pecude homo, ex nequam frugi et bonus; id vero ne dubitaveris!

PA. Quanti doces?

PH. Si puer bene proficiat, vili; sin parum, caro.

1,1 **de-duc-tio** Hinführung (zu); h. Anmeldung (in) — **ludus** (*litterarius*): ↗ E 5.3 — **Philó-ponus** (gr.: „die Anstrengung liebend“): (Herr) Arbeitsam – **propinquus** ~ *vicinus* — **versatus in** bewandert in (↗ FW)

4 **ec-quis** etwa einer — **optimus** „besonders gut“ — **erudi-tio** Unterricht; Bildung — **schŏla** h. Klasse, Lehrveranstaltung — **con-tubern-alis** (*taberna*): Zeltgenosse; Mitbewohner; h. Mieter (↗ E 7.1)

11 **ellum** (*en illum*): ~ *ecce illum* — **in-ambulare**: vgl. *in-cedere* — **formatorium** Bildungsstätte — **officīna** Werkstätte — **aperire** (*caput*): entblößen — **poples, -itis** (m.): Kniekehle; h. Knie — **iam** nun(mehr)

16 **rei**: neben *ec-quid* pleon. — **fili-olus** (kleiner/lieber) Sohn — **facias** (*eum*) — **fiet: revertetur** ~ *fiet, ut revertatur (domum)* — **ex pecude homo** (*factus*): ~ *homo* (präd.) *ex* („statt“) . . . — **nequam** nichtsnutzig; indeklinabel wie **frugi** (urspr. Dat. ↗ *fruges*): tüchtig

22 **quanti** . . . **vili/caro**: Wiederhole Gen. und Abl. pretii!

PA. Acute hoc dicis et sapienter, ut omnia. Partiamur inter nos igitur hanc curam: tu, ut sedulo instituas, ego, ut benigne compensem tuam operam.

2. Contemptor solidae eruditionis (Cordier 2, 33)

RODOLPHUS et CAROLUS

RO. Quando repetes ludum litterarium? *CA.* Nescio.
RO. Cur de hac re patrem non admones?
CA. Quid putas me curare?
RO. Parum admodum, ut credo. *CA.* Profecto verum dicis.
RO. Satis est signi te non amare litteras.
CA. Scio legere, scribere, Latine loqui, saltem mediocriter. Quid opus est mihi tantā scientiā?
RO. O miserum adulescentem! Siccine rem contemnis inaestimabilem?
CA. Quid tu sic exclamas? Unde tibi videor miser?
RO. Amice, nulla tibi a me orta est iniuria. Quod enim tibi dixi, non est convicium, ne tu in malam partem accipias! Sed misereor tui, quia id contemnis, quod felicitatem parit.
CA. Lucrum, divitiae et voluptas felicitatem pariunt.

---

24 **acutus** h. scharfsinnig, treffend — **hanc** (*curam*): durch den *ut*-Satz erläutert — **com-pensare** (*péndere*): aufwiegen; h. bezahlen

1. Utrum magistrum pater mavult?
2. Qua re dífferunt Varro et Philóponus?
3. a) Ubi Philóponus invenítur? b) Quid ibi facit?
4. Quid puer facere iubetur, cum magistrum salutat?
5. Quid magister patri pollicetur, quid pater magistro? (*AcI* Futur)

2,1 **con-temp-tor** ↗*contemnere* — **eruditio** Unterricht; Bildung — **repetere** h. wieder aufsuchen — **quid** wieviel — **curare** (*id*)

8 **saltem** (Adv): wenigstens — **síc-ci-ne** (**sic-ce-ne*: poet.): so/also? — **in-aestima-bilis** (nkl.): unschätzbar, außerordentlich — **unde** h. wieso

14 **con-vīcium** (↗ *vox*): Gezänk; h. Tadel — **in malam partem** („Seite") **accipere** (es) übel auffassen/aufnehmen

RO. Immo ista multis fuerunt exitio. Tametsi divitiae sunt donum Dei nec nocent nisi iis, qui abutuntur. Verumenimvero nulla est homini pretiosior possessio quam virtus et rerum honestarum cognitio.

CA. Vis igitur contionari, ut video.

RO. Utinam divinas contiones audivisses diligenter!

CA. Hem, obtundis me. Numquid vis?

RO. Ut bonam mentem det tibi Deus.

CA. Eā fortasse tibi est magis opus quam mihi. Vale.

---

18 **tametsi** ↗ E 11.4 — **verum-enim-vero** aber wirklich — **preti-osus** kostbar

22 **contion-ari** eine Rede halten; (mlat.) predigen — **divina contio** Predigt

24 **ob-túndere** „schlagen gegen" (*aures*); belästigen (jd) — **Num-quid vis?**: Formel der Verabschiedung; v/nkl. steht *velle* auch mit *ut.*

1. Uter est contemptor solidae eruditionis, uter est lauda-tor?
2. Quid índicat Carolum non amare litteras? (Quod . . .)
3. Qua re contentus est Carolus? [*utere gerundio*!]
4. Quid felicitatem parit? Quid ea de re uterque putat? Quid tu putas? (Rodolphus putat . . .; Carolus putat . . .; puto . . .: *AcI*)
5. Quid multis fuit exitio? 6. Quid est possessio pretiosissima?

3. De classe doctore vacua (Cordier 3, 3)

MARTINUS famulus, PRAECEPTOR

MA. Praeceptor, nemo est, qui doceat in sexta classe.
PR. Quid hoc rei est? Ubi est magister Philippus?
MA. Morbo detinetur in lecto. *PR.* Qui scis?
MA. Nuntiavit quidam ex discipulis eius domesticis.
PR. Dic hypodidascalo meo. *MA.* Non est in museolo suo.
PR. Qui scis? *MA.* Nam ego ter aut quater pulsavi ostiolum.
PR. Dic primae classis doctori, ut mittat e suis aliquem.
MA. Quid, si nolit mittere? *PR.* Abi, inepte; an putas eum esse tam impudentem, ut recúset? Abi, propera.

4. Attentio in verba praeceptoris (Cordier 3, 5)

IUSTUS et PRAECEPTOR

IU. Praeceptor, quid reddemus cras mane?
PR. Hodie mane palam dixi ante scholae missionem.
IU. At ego non aderam, praeceptor.
PR. Roga igitur condiscipulos. Nam si vellent singuli me interrogare de rebus a me palam dictis, quaeso, quando finis esset? Itaque fac sis posthac prudentior.

3,1 **doc-tor** (Ober-)Lehrer — **famulus** (mlat.): Gehilfe — **rei** ↗ 1,16
5 **de-tinēre** festhalten (h.?) — **domesticis** ↗ E 7.1 — **Dic** (ebenso Z. 8 *scis*): erg. „es“ — **hypo-didáscalus** (gr.): Unter-/Hilfslehrer — **musé-olum** (Dimin. zu gr. *musēum*): „Musenort“; Studierzimmer — (*scio*) **nam** — **ostí-olum** ~ *ostium*
9 **suis** (*discipulis*) — **Quid** (*faciam*), **si . . .?** — **in-epte** h. ~ *stulte*

1. Quibus nominibus, quae idem fere valent, magister hīc appellatur?
2. Cur nemo docet in sexta classe?
3. Ubi famulus hypodidascalum iam quaesivit?
4. Quis in sexta classe docere iubetur?

4,1 **at-tentio** (*in*): Aufmerksamkeit (auf)
3 **reddemus** ~ *reddere debemus* — **scholae missio** Entlassung der Klasse (↗ 1,8); Unterrichtsschluß — **quaeso** (Interj.): um Himmels willen
8 **fac sis . . . prudentior** ~ *ne quaesiveris talia*

IU. Curabo pro viribus.

PR. Sed tu ubi eras? *IU.* Prodieram. *PR.* Quid prodieras?

IU. Ut curarem negotium aliquod, de quo pater ad me scripserat.

PR. A quo petisti veniam? *IU.* Ab hypodidascalo.

PR. Cur non a me potius? *IU.* Quia eras occupatus.

PR. Quid agebam? *IU.* Alloquebaris in area quosdam viros honoratos, qui te conventum venerant.

PR. Abi, nunc recordor.

5. Absentia a schola (Cordier 4, 39)

VINCENTIUS et MACARIUS

VI. Fuistine hodie in gymnasio?

MA. Fui. Tu vero, quid agebas? *VI.* Eram domi occupatus.

MA. Id evenit praeter morem tuum. Soles enim abesse rarius.

VI. Quam possum rarissime. Quid autem actum est?

MA. Nihil prorsus. *VI.* Ergone remissionem habemus?

MA. Propter mercatum hodiernum. *VI.* Quis dedit?

MA. Ludi magister, permissu tamen rectoris.

VI. Quid concessit?

MA. Vacationem ab omni munere scholastico.

VI. An in totum diem?

---

13 **hypo-didascalus** Hilfslehrer (↗ 3,7) — **occupatus** beschäftigt — **al-loqui** (*ad-*): ~ *salutare* — **ārea** freier Platz (FW?); h. Schulhof — **honoratus** geehrt; angesehen

1. Cur praeceptor Iusto pensum indicere recúsat?
2. Quare Iustus in schola non fuerat?
3. a) Prodieratne sine venia? b) A quo veniam petiverat?
4. Cur Iustus non a praeceptore veniam petiverat?

5,1 **absentia** Abwesenheit (FW?) — **Macarius** (gr.): ~*Felix* — **occupatus** beschäftigt — **praeter** (*morem*): ~ *contra* — **possum** (mit *quam* + Superl.): pleon. — **quid autem**? ~ *quid nam*? — **actum** (*est*): ~ *factum*

7 **re-missio** Erholung; h. schulfrei — **mercatus, -ūs** Jahrmarkt; (Handels-) Messe — **hodiernus** ↗ *hodie* — **permissu** (isolierter Abl.; *per-mittere*): mit Erlaubnis — **rec-tor** Schulleiter — **vaca-tio** Befreiung — **an** (nkl.): ~ *-nĕ*

MA. A mane ad occasum usque solis. Tametsi diligenter et multis quidem verbis admonuit, ut in otio de negotio cogitaremus, ne cras in ludum veniremus imparati.
VI. Quid igitur nos? Hoccine abutemur otio?
MA. Id vero aetatem nostram decet minime.
VI. Tu ergo, quid paras facere?
MA. Me recipere in museolum, nisi forte tibi magis placet, ut sesquihoram aliquo prodeamus ambulatum.
VI. Egone recusarem? Immo nihil est, quod nunc magis velim. Nam et nos interea tractabimus aliquem sermonem litterarium et simul corpus exercebimus.
MA. Eamus igitur extra urbem.
VI. Quonam? *MA.* Ad fontem Lupínum.
VI. Valde istud mihi arridet. Sed tu, si placet, me exspectabis. *MA.* Quamdiu?
VI. Tantisper, dum crépidas eo mutatum calceis.
MA. Ubi vis exspectari? *VI.* Ad portam orientalem.
MA. At vide, ne me fallas. *VI.* An ego amicum fallerem, cum sciam etiam inimico servandam esse fidem?
MA. Abi, festina. Ego dum te opperior, aliquid interim legam. [. . .]

---

14 **neg-otium** h. ~ *officium/pensum* — **im-paratus** ~ *non prae-paratus* — **Quid** . . . (*faciemus*)? — **hóc-ci-ne** ~ *hoc-ne* (wie 2, 10 *síc-ci-ne*)

19 **muséolum** Studierzimmer (↗ 3, 7) — **placet ut** ~ *placet* + Inf. — **sesquihora** (**semis-que* „und die Hälfte"): anderthalb Stunden — **ali-quo** (Adv.): irgendwohin — **Egó-ne recusarem**?: unwillige Frage der Ggw. (↗ E 11.3) — **magis velim** ~ *mālim* (warum Konj.?) — (*sermonem*) **tractare** ~ *habere* — **litterarius** h. wissenschaftlich

25 **quo-nam**? ↗ *ali-quo* — **fons Lupínus** Wolfsquelle — **ar-ridēre** zulächeln; h. zusagen, recht sein — **tantis-per** (Adv.): ~ *tam-diu* — **crépida** (gr.): Sandale, Halbschuh — **calceus** fester Schuh, Halbstiefel

29 **orient-alis** östlich (FW?) — **fallere** h. im Stich lassen; *fallerem* ↗ Z. 21 *recusarem* — **An ego** ~ *Egone* — **opperiri** (*alqm*): erwarten, warten auf

1. Abestne Vincentius saepe a schola?
2. Cur discipuli hodie scholā vacant?
3. Quamdiu vacationem habent? 4. Quis hoc permisit? 5. Quid faciunt?
6. Quo eunt? 7. Cur eunt? (Volunt . . .) 8. Euntne statim?

6. Accusatio Latinitatis omissae (Cordier 4, 13)

CAROLUS et QUINTINUS

CA. Adfuistíne matutinae precationi?

QU. Adfui. Tu vero, ubi eras?

CA. Iveram ad patrem in cauponam. *QU.* Quid eo?

CA. Heri vesperi iusserat, ut se convenirem bene mane.

QU. Qui ausus es tam mane prodire idque inconsulto praeceptore?

CA. Heri veniam impetraram, antequam iretur cubitum. Sed dic mihi, quid ille a precatione palam admonuit?

QU. Audivi, inquit, esse inter vos, qui saepe numero Germanice fabulentur, et nemo interea vestrum mihi quicquam indicat. Quod est argumentum consensionis omnium in eodem peccato. Haec fuit accusationis summa; deinde in eam sententiam multa dixit, quae meminisse non potui.

CA. Sed quae tandem fuit conclusio?

QU. Quamobrem, inquit, admoneo vos, ut alius alium ad Latine loquendum cohortemini diligenter et eorum nomina, qui parere noluerint, ad me quam primum deferatis, ut huic malo remedium adhibeam.

CA. Nullum igitur verbum licebit afferre Germanicum?

QU. Quantum ex verbis eius colligere potui, non ita rem intellegit. Non enim, ut scis, usque adeo est severus exactor, ut statim puniat, si cui verbum aliquod inter colloquendum exciderit.

6,1 **accusa-tio** Anklage (wegen) — **Latinitas** h. das Lateinsprechen

3 **preca-tio** Gebet — **iveram** ~ (klass.) *ieram* — **caupóna** Gasthaus

6 **iubere ut**: klass. selten — **bene māne** in aller Frühe — **in-consulto** ~ *non consulto/rogato* — **antequam**: auch rein temporal mit Konj. (↗ E 11.3)

11 **saepe(-)numero** oftmals, gar häufig — **fabulari** ~ *loqui* — **interea** h. (je) doch — **consensio** Einverständnis — **summa** Hauptpunkt — **in eam sententiam** („Sinn“): ~ *eius modi* — **potui**: statt *possum*

17 **con-clusio** Schluß(folgerung) — **af-ferre** h. verwenden – **colligere ex** h. entnehmen aus — **ex-actor** Aufseher — **ali-quod**: nach *si* „wirklich ein“ — **ex-cidere** h. ent-fallen; (auf deutsch) einfließen

CA. Aliquotiens, ut memini, palam dixit edictum suum ad eos demum pertinere, qui, cum Latine sciant, tamen semper latibula quaerunt, ut Germanice fabulentur idque de rebus ineptissimis.

QU. Ea est quorundam pertinacia, ut malint saepissime vapulare repugnando praeceptis honestissimis quam laudari atque etiam diligi obsequendo.

CA. Meministi audire ex ipso praeceptore:
Nitimur in vetitum?

QU. Memini, atque adeo est verissimum. Tamen qui doctrinam Christi libenter amplectuntur, non studio peccant neque malitia.

CA. Istud praestat verus ille timor Domini.

QU. Tales igitur, quoad licet per naturae infirmitatem, sedulo cavere nituntur, ne quid scientes faciant, dicant aut cogitent, quo Deus vel minimum offendatur.

CA. Ergo studeamus et nos id ipsum cavere; studeamus recte vivere et Dei nostri parere voluntati, non modo ne vapulemus, sed magis ut illi optimo Patri nostro placeamus. [. . .]

---

27 **ali-quotiens** einige Male — **demum** (nkl.): nur — **lati-bulum** (*latēre*): Versteck

31 **ea** ~ *talis* — **pertinacia** Hartnäckigkeit — **re-pugnare** sich widersetzen (frz. repugner) — **audire** h. ~ *audivisse* — **niti in alqd** streben nach etw.

36 **atque adeo** und sogar — **amplecti** (~ *com-plecti*) **alqd** ~ *studere alci rei* — **studio** (Abl.): absichtlich — **mal-itia** Bosheit, Böswilligkeit — **praestare** h. ~ *praebere* — **quoad** ~ *quantum* (Z. 23)

1. Cur Cárolus nescit, quid praeceptor monuerit?
2. Ubi Carolus erat? 3. Quis ei veniam dedit?
4. Quid praeceptor vituperavit? (Quod . . .) 5. Quid magister vult?
6. Vetatne omnes discipulos Germanice loqui?
7. Quid malunt quidam discipuli? 8. Quid studeant veri Christiani?

7. Lectio (Vives 5)

PRAECEPTOR, LUCIUS, AESCHINES, COTTA

PR. Cape tabellam abecedariam manu sinistra et radium hunc, quo indices singula elementa. Sta rectus, pileum pone sub axilla. Audi attentissime, quemadmodum ego has litteras nominabo; specta diligenter, quo gestu oris. Vide, ut eodem prorsum modo reddas, cum reposcam. Sis mecum. Iam audisti. Sequere nunc me sigillatim praeeuntem. Tenes probe?

7,1 **lec-tio** das Lesen, der Leseunterricht

3 **tabella** ~ *tabula (parva)* — **a-be-ce-d-arius** (spätlat.): zum Abc gehörig, Abc (↗ E 4.3: *tabulistae*) — **radius** (nkl.): Stab, Stäbchen — **quo** (*ut eo*) **índices** (Infinitiv?) — **elementa** h. ~ *litteras* — **pil(*l*)eus** (Filz-)Kappe, Mütze — **axilla** (*ala*): Achsel(höhle) — **attentus** aufmerksam

6 **quo gestu** (~ *motu*) **oris** (*pro-nuntiabo* „aussprechen“: Z. 24) — **prorsum** (Adv.): ~ *prorsus* — **re-poscam**: Modus wegen *red-das; cum* = ? — **Sis mecum!** ~ *Sis attentus!* — **si(*n*)gillatim** (Adv.): einzeln — (*voce*) **prae-ire** (t. t.): vorsprechen (erg. *litteras*) — **tenēre** (etw. im Kopfe) halten = verstanden haben — **probe** ~ *recte*

LU. Videor mihi sic satis. [. . .]

PR. Nava sedulam operam! Ito, sede cum tuis condiscipulis et edisce, quae praescripsi! *LU.* Non ludimus hodie?

AE. Non, nam dies est operarius. Eho, tu venisse te huc arbitraris lusum? Non est hic ludendi locus, sed studendi. *LU.* Cur ergo ludus nominatur?

AE. Nominatur quidem ludus, sed litterarius, quia litteris est hic ludendum, alibi pila, trocho, talis. Et Graece audivi appellari scholam, quasi otium, quod verum sit otium et animi quies aetatem in studiis agere. Sed ediscamus, quae iniunxit institutor, summisso murmure, ne aliis alii simus impedimento.

LU. Avunculus meus, qui aliquando dedit operam litteris Bononiae, docuit me melius memoriae infigi, quae velis, si altius pronunties, idque confirmari auctoritate nescio cuius Plinii.

AE. Si quis ita velit ediscere suas formulas, in hortos secedat aut in coemeterium templi; ibi clamet licet, quoad excitet mortuos.

CO. Pueri, hoccine est ediscere? Garrire, iurgari? Agite, convenite ad praeceptorem omnes iussu eius.

---

10 **videor mihi** ~ *puto* — **sic satis** so einigermaßen — **navare operam** ~ *operam dare* — **prae-scribere** vorschreiben (wörtlich/übertragen)

13 **dies oper-arius** (*opera*): Arbeits-, Werktag — **e-ho** (Interj.): hör/sag einmal — **trochus** (gr.): Reifen — **tālus** Würfel — **schola** (gr.): „Muße" — **sit** „darin bestehe" (+ Inf.) — **in-iungere** aufgeben, auftragen — **sum-missus** „herabgelassen"; leise — **murmur, múrmuris** (n.): Gemurmel

22 **litteris**: h.? — **Bononia** Bologna — **in-fīgere** einheften, einprägen — **altius** (Komp.): „laut" — **pro-nuntiare** (aus)sprechen; *velis . . . pronunties*: sog. allgemeines „Du" (dt. „man") — **nescio quis** h. ~ *quidam*

26 **formula** „Formel", Regel — **coeme-tērium** (gr.): Friedhof — **templum** Kirche — **licet** (*ei*): mit bloßem Konj. — **quoad** (+ Konj.): solange bis

29 **hóc-ci-ne** ~ *hoc-ne* (↗ 5,16) — **iurgari** (*iure agere*): streiten, zanken

1. Quo instrumento discipuli utuntur ad litteras discendas?
2. Qua re Lucius ludere vult? 3. Cur Lucio non licet in ludo ludere?
4. a) Quomodo ludus Graece appellatur? b) Cur ita nominatur?
5. Explica breviter utramque rationem discendi?
   (Discere possumus aut . . . aut: *Gerundium*)
6. Ubi secundum Áeschinem optime ediscitur?

8. Scriptio *(Vives 10)*

MANRICUS, MENDOZA, PUER et MAGISTER

MA. Adfuístin hodie, cum ille haberet orationem de utilitatibus scribendi?

ME. Ubinam? *MA.* In auditorio Antonii Nebrissensis.

ME. Minime vero; sed tu recense, si qua haeserunt memoriae. *MA.* Quid ego recenseam? Dixit tam multa, ut omnia prope exciderint.

ME. Ergo contigit tibi, quod de vasis angusti orificii Quintilianus dicit, quod superfusam humoris copiam réspuunt; sensim si instilles, recipiunt. Sed nihil retinuisti penitus? *MA.* Propémodum nihil.

ME. Aliquid igitur. *MA.* Perpusillum.

ME. Istuc ipsum perpusillum fac mihi etiam commune.

MA. Primum omnium aiebat esse perquam admirabile tantam varietatem humanarum vocum paucis potuisse litteris comprehendi; deinde amicos absentes posse inter se beneficio litterarum cólloqui. Addebat nihil esse visum mirabilius apud insulas istas a regibus nostris recens inventas, unde aurum adfertur, quam posse inter se homines aperire, quae sentiant, tanto intervallo regionum missā chartulā aliquā maculis nigris distinctā.

8,1 **scrip-tio** das Schreiben — **Manrícus, Mendóza**: spanische Vornamen

3 **ad-fuisti-n**: Fragendes *-ne* wird oft zu *-n* verkürzt. — **hodie, cum**: Welcher Modus stünde klassisch? (↗ E 11.3) — **audi-torium** Hörsaal

6 **re-censēre** durchmustern; berichten/aufzählen — **memoriae** (Dat.): „im . . .“ — **ex-cidere** (dem Gedächtnis) entfallen — (*id*) **quod** — **ori-ficium** (↗ *os, oris;* spätlat.): Mündung, Öffnung — **quod** daß nämlich (statt AcI) — **(h)umor** Flüssigkeit — **re-spuere** „zurückspucken“; nicht aufnehmen (// *re-cipere*) — **sensim** (Adv.): allmählich — **in-stillare** hineinträufeln (*stilla* Tropfen) — **pénitus** (Adv.): völlig; überhaupt (*nihil*)

12 **propé-modum** beinahe — **per-pusillum** sehr wenig; *per-* bei Adj./Adv. steigert. — **istŭc**: oft ~ *istud* — **fac mihi commune** ~ *mecum communica* — **per-quam** (Adv.): überaus, (gar) sehr — **voces** (etwa) „gesprochene Wörter“

20 **nostris** (*Hispanis*) — **recens** (unkl.): Adv. — **aperire** eröffnen, mitteilen — **tanto intervallo regionum** „so weit“ — **chart-ula** Briefchen, Zettel — **măcula** Makel; Fleck (h. ~ *signum*) — **distinctus** verziert; h. „beschrieben“

Rogabant enim, an papýrus sciret loqui. Haec ille et alia permulta, quae sum oblitus.

ME. Quamdiu dixit? *MA.* Horas duas. *ME.* Ex tam longa oratione tam paucula mandasti memoriae?

MA. Mandavi quidem memoriae, sed ea noluit retinere.

ME. Plane dolium habes filiarum Danai. [. . .]

MA. Heus, puer, ubi est magister? *PU.* In illo conclavi.

MA. Quid agit? *PU.* Docet quosdam.

MA. Significa illi stare hic pro foribus, qui huc etiam veniunt, ut ab eo doceantur.

MAG. Qui sunt pueri isti? Quid petunt?

PU. Te cupiunt conventum. *MAG.* Admitte eos ad me rectā.

MA./ME. Optamus tibi salutem et omnia prospera, magister.

MAG. Et ego vicissim vobis felicem huc ingressum. Sospitet vos Christus. Quid est? Quid vultis?

MA. Doceri abs te artem istam, quam profitére, si modo vacat et si vis. [. . .] *MAG.* Venitis huc armati?

MA. Minime vero, bone praeceptor; vapularemus a nostris paedagogis, si ausi essemus arma hac aetate vel aspicere, nedum tangere.

MAG. Ah, ah! Non loquor de armis crudelitatis, sed de istis scriptoriis, quae ad praesentem rem faciunt. Habetis thecam pennariam cum pennis?

ME. Quid rei est theca pennaria? An ea, quam nos calamariam nominamus?

MAG. Ea ipsa; nam antiquissimi homines solebant stilis scribere, quibus successerunt calami et potissimum Nilotici.

---

24 **Rogabant** „Man . . .“ — **an** (nkl.): ~ *num* — **Haec ille** (*dixit*) — **pauc-ula**: h. verstärktes *pauca* — **dōlium** Faß — **filiae Dánai** Danaíden

30 **heus** heda — **significare** h. ein Zeichen geben — **foris, -is** (f.): Türflügel; Pl. Tür — (*huc*) **etiam** sogar, bis — **cupiunt conventum** (statt Inf. Präs.): unkl. — **rectā** (*viā*) — **vicissim** (*vicis*): wechselweise; h. meinerseits — **in-gressus** (-**ūs**): Eintritt — **sospitare** erhalten, behüten — **vacat** es steht frei

42 **paedagōgus** (gr.): (Knaben-)Führer; Erzieher — **vel** sogar, auch nur — **nēdum** (Adv.): geschweige denn — **scrip-torius** zum Schreiben gehörig; *arma scriptoria* Schreibgeräte — **facere ad** (unkl.): gehören/passen zu

46 **theca** (gr.): Behälter, Büchse — **penn-arius** zur Feder (*penna*) gehörig, Feder- — **Quid rei** h. ~ *Quae res* — **calam-arius** zum Schreibrohr (*cálamus*: gr.) gehörig — **stĭlus** Griffel — **Niló-ticus** (nkl.): vom Nil

Agareni, si quos vidisti, arundinibus scribunt a dextra in sinistram, sicut omnes paene ab oriente nationes. Europa Graecos secuta contra a sinistra in dextram.

ME. Etiam Latini?

MAG. Latini quoque, fili; sed hi a Graecis habent originem; et olim veteres Latini scribebant in membrana deletili, quae vocabatur palimpsestos; tum una tantum facie; nam qui utrimque erant libri conscripti, opisthógraphi dicebantur, qualis fuit Orestes ille Iuvenalis:

Scriptus et in tergo necdum finitus.

Sed haec alias, nunc ea, quae instant. Anserinis pennis scribimus, aliqui gallinaceis. Vestrae istae sunt egregie habiles; nam sunt caule ampla et nitida et firma. [. . .]

MA. Cedo iam nobis, si videtur, exemplar.

MAG. Primum abecedarium, deinde syllabatim, tum verba coniuncta ad hunc modum. Disce, puer, quibus fias sapientior et proinde melior. Voces sunt animorum signa inter praesentes, litterae inter absentes.
Haec effingite et redíte huc a prandio vel cras, ut scripturam vestram emendem.

MA. Faciemus; interea commendamus te Christo.

MAG. Et ego vos eidem. [. . .]

---

51 **Agaréni** Agarener (Volk im Orient?) — (*h*)**arundo, -inis** (Schilf-)Rohr — **a dextra** (*parte*) . . . — **ab oriente** (*sole*): ~ *orient-ales* — **Europa** . . . (*scribit*)

56 **membrāna** Häutchen; (nkl.) Pergament — **delé-tilis** h. abreibbar, abschabbar — **palim-pséstŏs** (gr.; Nom.): Palimpsest — **facies** h. Seite

58 **con-scriptus** h. beschrieben — **opisthó-graphus** (gr.): hinten beschrieben — **necdum** ~ *et nondum* — **haec alias** (*dicemus*) — (*penna*) **anser-īna** ↗*anser, -eris* Gans — **aliqui** ~ *nonnulli* — **gallin-aceus** ↗*gallīna* Huhn

63 **hábilis** handlich („zum Halten") — **caulis, -is** (spätlat. f.): (hohler) Stengel; Federkiel — **nit-idus** glänzend, sauber

64 **cĕdŏ** (Adv.): gib (her) — **si videtur** wenn's beliebt — **exémplar**: FW — **abecedarium** Abc (↗ 7, 3) — **syllab-ātim** (Adv.): nach Silben — **proinde** ebenso — **voces** ↗ Z. 16 — **ef-fingere** h. abschreiben — **scriptúra** Schrift

1. Quacum re Mendoza cómparat memoriam amici?
2. Quid Manrico mirabilissimum inventum videtur? (Quod . . .)
3. Quae arma discipuli ap-portare debent?
4. Quibus instrumentis homines scribere solebant?

9. Schola (Vives 13)

TIRO et SPUDAEUS

TI. Quam elegans gymnasium et magnificum! Haud esse in Academia hac reor ullum praestantius.

SP. Rectissime iudicas. Adde etiam, quod magis ad rem facit, nec alibi esse eruditiores magistros aut prudentiores quique maiore dexteritate tradant doctrinam.

TI. Oportet igitur magna hic fieri disciplinarum operae pretia.

SP. Et quidem magnis compendiis discendi.

TI. Quanti docent?

SP. Amove te hinc ocius cum interrogatione ista tam prava tamque importuna. In re tanti momenti inquirendum est de mercede? Nec ipsi, qui docent, paciscuntur, nec discipulos convenit id vel cogitare. Ecquod pretium potest esse par?
Numquamne illud Aristotelicum fando audivisti: Diis, parentibus et magistris parem gratiam non posse rependi? Deus creavit totum hominem, parens genuit corpus, magister format animum.

TI. Quid docent isti et quamdiu?

SP. Habent sua singuli auditoria separata et sunt doctores varii. Alii prima elementa artis grammaticae laboriose atque aerumnose pueris toto die ingeminant, alii penitiora tradunt artis, alii rhetoricem, dialecticem et

---

9,4 **ullum** h. ~ *quicquam* — **praestantius** (*quam hoc gymnasium*) — **adde**: + AcI — (*id*) **quod** — **facere ad** passen zu — **qui-que** ~ *et/aut ullos, qui* — **dexter-itas** Geschick — **oportet** h. es ist anzunehmen — **fieri** „ausfallen" — **disciplinae** (Pl.): h. Unterricht — **compendium** ~ *commodum*

12 **ocius** (Adv.): ~ *quam celerrime* — **im-portunus** // *op-portunus* — **momentum** Bedeutung — (*num*) **inquirendum est** „darf man . . .?" — **pacisci** (*pactum*): sich ausbedingen (*mercedem*) — **cónvenit** (unpers.): es paßt/gehört sich (+ AcI) — **vel** „auch nur" — **ec-quis** etwa einer

17 **illud Aristotelicum** ~ *verbum Aristotelis* — **fando audire** vom Hörensagen erfahren/kennenlernen (Pf.?) — **re-péndere** bezahlen

22 **audi-torium** Hörsaal — (*aerumna* Mühsal) — **in-gemin-are** (poet.): verdoppeln; h. ~ *repetere* — **penitiora** (*penetrare*): das tiefere Wissen

reliquas disciplinas enarrant, quae liberales seu ingenuae dicuntur.

TI. Cur eo nomine?

SP. Quia illis decet unumquemque ingenuum imbui. Contra quae sunt illiberales, circumforaneae, sordidae, quae vel labore corporum vel manibus exercentur, servis potius congruunt et hominibus, qui ingenio parum valent. [. . .]

TI. Quos auctores interpretantur?

SP. Non eosdem omnes, sed ut quisque est peritia et ingenio praeditus, eruditissimos et acerrimo iudicio scriptores sibi sumunt, optimos quosque et eos, quos classicos vos grammatici appellatis. Sunt, qui ex ignorantia meliorum ad proletarios descendunt atque etiam capite censos. Ingrediamur!

Ostendam vobis publicam gymnasii huius bibliothecam. Haec est bibliotheca, quae ex magnorum virorum praecepto ad ortum aestivum spectat.

TI. Papae! Quantum librorum, quantum bonorum auctorum: Graeci, Latini, oratores, poetae, historici, philosophi, theologi et imagines auctorum!

SP. Et quidem, quantum effici potuit, ad vivum expressae atque eo pretiosiores. Foruli omnes et plutei querni aut cupréssini cum suis catenulis. Libri ipsi plerique omnes membranacei et variis coloribus miniati.

---

26 **e-narrare** h. genau erklären

29 **imbuere** benetzen; vertraut machen mit — **contra**: Adv. — (*disciplinae,*) **quae** . . ., (*et*) **quae** . . ., (*eae*) **servis** . . . — **circum-for-aneus** (↗ *forum*): den Handel betreffend — **sordidus** h. niedrig — **congruere** h. passen zu (+ Dat.)

35 **perit-ia** Erfahrung — **acerrimo iudicio**: zweites Attribut zu *scriptores* — **classicus** „klassisch" — **vos** . . . **vobis** (Z. 41): d. h. Du/Dir und Deinesgleichen – **grammatici** h. Grammatikschüler

39 **proletarius** niedrig — **capite censi** die „Untersten" — **ortus aestīvus** Sommeraufgang (der Sonne), etwa NO — **Papae** (Interj.): Potztausend

47 **et quidem** u. zw. — **éffici** ~ *fieri* — **ex-pressus** dargestellt — **fŏruli, -orum** (nkl.): Bücherschränke — **plŭteus** (nkl.): Lesepult — **quer-nus** (*quercus, -ūs*): aus Eichenholz; analog **cupréss-inus** — **caten-ula** (kleine) Kette — **plerique omnes** (unkl.): die allermeisten — **membran-áceus** aus Pergament — **miniatus** zinnoberrot; (allgem.) bemalt

TI. Quis est primus ille rusticano ore, naso repando.

SP. Lege titulos!

TI. Socrates est et dicit: Cur in bibliotheca collocor, qui nihil scripsi?

SP. Respondent sequentes, Plato et Xenophon: Quia, quod alii scriberent, dixisti. Longum esset pérsequi singulos.

---

51 **rusticanus** bäuerlich — **nasus re-pandus** aufwärts gebogene Nase — **scriberent**: konsekutiv — **longum esset**: klassisch?

1. Cur Tiro gymnasium admiratur? 2. Quales magistri ibi docent?
3. Cur inquirendum non est de mercede magistrorum?
4. Quibus gratiam debemus? 5. Nomina (tres/septem) artes liberales!
6. Quibus aptae sunt artes illiberales? 7. Qui auctores praeferuntur?
8. Quibus imaginibus bibliotheca est ornata?

10. Bibliotheca et librorum usus (Cordier 1, 34)

CAROLUS et LAMBERTUS

CA. Habesne multos libros? *LA.* Non admodum.

CA. Sed quos habes?

LA. Rudimenta Grammaticae, Colloquia scholastica, Terentium, Epistolas Ciceronis cum Germanica interpretatione, Catonem, Dictionarium, Testamentum Germanicum, Psalmos cum Catechismo. Praeterea librum chartaceum ad scribendum dictata praeceptoris. Tu vero, quos habes?

CA. Omnes habeo, quos enumerasti, praeter Catonem, Terentium et Ciceronis epistolas. Cur enim libros haberem, qui non praeleguntur in classe nostra?

LA. At ego, dum sumus otiosi, lego interdum illos, ut semper aliquid addiscam novi, praesertim in lingua Latina et honestis moribus.

CA. Prudenter facis, mi Lamberte. O me miserum, qui numquam didici, quid sit studiosum esse.

LA. Disce igitur. Praestat enim sero quam numquam discere.

10,5 **rudi-mentum** (nkl.): Vorschule; *rudimenta* (Pl.; mlat.): Lernbücher — **interpreta-tio** Übersetzung — **diction-arium** (mlat.): Wörterbuch (engl.? — frz. dictionnaire) — (*Novum*) **Testamentum**

9 **chart-aceus** aus Papier(-seiten) — **dictata, -orum** Diktat, (dem Schüler diktierte) Aufgabe(n); Regeln

13 **haberem** ~ *habeam* (↗ E 11.3) — **prae-legere** vorlesen; (in Vorlesungen/im Unterricht) behandeln — **ad-discere** dazulernen

1. Uter discipulus studiosior est?
2. Quid scribit Lambertus in libro chartaceo?
3. Quid Lambertus potissimum discere vult?
4. Legisne tu libros, qui in gymnasio non tractantur?

11. De auctoribus praelegendis (Mosellanus 9)

THOMAS et HIERONYMUS

TH. Quid est, quod illac venis, Hieronyme, aut ubi fuisti?

HI. Redeo a praeceptore eo, qui a ludi magistro primas tenet.

TH. Age, quid is narrat de auctoribus hoc semestri praelegendis? Iam enim, sicut opinor, eorum delectum habuerunt.

HI. Habuerunt idque, sicuti dici audio, prudenter. Nam praeter utriusque linguae rudimenta ex Fabii praescripto coniunctim tradenda primum Terentianas comoedias exponendas susceperunt, quod hic scriptor ex Latinis paene solus Romani sermonis nativam et genuinam proprietatem retineat, adeo ut nec Marcum Tullium, oratorem principem, puduerit ad huius exemplum orationes suas formare; deinde Marci Tullii ‚Officia', quod is liber non solum linguam eloquentiā poliat, sed et pectus rectis moribus instruat, unde et Plinii iudicio non legendus, sed ad verbum sit ediscendus.
Postremo aliquot Vergiliani poëmatis libri exponentur, nempe ut Augustini iudicio optimus poeta teneris animis infixus in omnem vitam usque haereat.
Ad haec, quando parum aequum est Christianos in gentilium libris esse totos, eis diebus, quibus ferias agimus,

---

11,1 **prae-legere** behandeln (↗10, 13) — **quid est quod** (+ Ind.): ~ *cur* — **illāc** h. hierher — **primas** (*partes*) **tenere a** den ersten Rang einnehmen nach — **se-mestre** (*tempus; *sex-menstre ↗mensis*): Semester — **prae-legendis** ~ *qui praelegentur* — **delectus** (-**ūs**): Auswahl

10 **rudimenta** h. die (grammatikalischen) Grundlagen — **ex** gemäß — **Fabii** (*Quintiliani*) — **prae-scriptum** Vorschrift — **con-iunctim** (Adv.): gemeinsam — **ex . . . tradenda** ~ *quae ex . . . tradenda sunt* — **Terentianus** ~ *Terenti*(*i*), ähnlich Z. 20 *Vergilianus . . .* — **ex-ponere** h. behandeln

13 **natīvus** angeboren, natürlich — **genuīnus** unverfälscht — **propri-etas** Eigenart — **nec Marcum** ~ *ne Marcum quidem*

17 **eloquent-ia** Beredsamkeit — **polire** „polieren"; *linguam* (statt *orationem*) *polire* den Stil verfeinern — **unde** weshalb — **ad verbum** wörtlich — **poēma, -ătis** (n.; gr.): Dichtung — **in-figere** einprägen

23 **ad haec** (nkl.): ~ *praeterea* — **gentīlis, -is** Heide — **totum esse in** (*alqa re*): ganz aufgehen in — **ferias agere** frei haben

elegantissimos simul et gravissimos hymnos Aurelii Prudentii, gravis et sancti viri, audiemus aut, si hi displiceant, ‚Enchiridion militis Christiani' ab Erasmo Roterodámo accuratissime elaboratum.

Quae si, ut spero, et pro suo officio explicarint accurate praeceptores et nos pari diligentia exceperimus, non opinor male hoc semestre nobis fore collocatum.

TH. Non iniuria laudant hunc delectum, mi Hieronyme; neque enim umquam placuit mihi eorum institutum, qui his et id genus aliis optimis scriptoribus posthabitis

---

25 **simul et** ~ *et . . . et* — **sanctus** h. ehrwürdig — **en-chīridion** (gr.; n.): Handbüchlein — **e-laborare** ausarbeiten — **ex-cipere** (*mente*) — **col-locare** (Geld) anlegen, verwenden (auf: *in*; Z. 35); *collocatum* ~ Adj., daher *fore*

33 **institutum** h. ~ *mos* — **id genus** ~ *eius modi* — **post-habere** hintansetzen

in . . . auctoribus ceteris bonas horas male collocant, qui scriptores Ciceroniana eloquentia non contenti sibi solis novam dicendi rationem invenerunt, quasi non summum sit orationis vitium a communi dicendi consuetudine abhorrere. Nam qui citra delectum auctores enarrant et per hoc discipulos peregrina et prodigiosa docent vitia, hi mihi non verbis, sed verberibus coercendi videntur. Hi enim sunt illi poetae, quos solos e re publica sua pellendos statuit Plato. Atque haec non ex me dico, sed quod sic censentes audiverim doctissimos pariter et integerrimos viros.

HI. Recte ergo facit noster ludi magister, qui eiusmodi nihil in scholam suam irrepere sinit. Sed ego iam recta hinc in bibliopolium concedam libros, de quibus dixi, coempturus.

TH. Nostin, quanti haec simul emi possint?

HI. Hauddum licitatus sum; opinor aureo nummo, siquidem audio indicari argenteis viginti quattuor.

TH. Bene habet, quod non pluris venduntur; alioqui, quae mea est egestas, coemere non suffecissem.

HI. Eamus ergo. *TH.* Quando vis; in me non est mora.

---

36 **qui scriptores** ~ *qui (auctores)* — **ab-horrere** ~ *re-cedere* — **citra** h. abweichend von **e-narrare** h. genau abhandeln — **prodigi-osus** unnatürlich — **statuere** (+ AcI mit Gerundiv): die Meinung vertreten

44 **ex me** ~ *ex mea sententia* — **pariter et** ~ Z. 25 *simul et* — **integer** h. vorurteilsfrei — (*rēpere* kriechen) — **rectā** (*viā*) — **biblio-pōlium** (gr.): Buchhandlung — **con-cedere** h. ~ *se conferre* — **co-empturus**

50 **nostin** ~ *novisti-ne* (↗ 8, 3 *Adfuistin*) — **haud-dum** ~ *nondum* — **licitari** (v/nkl.): (beim Kauf auf etw.) bieten, ein Preisangebot machen (↗ *licet*) — **indicare** h. (zum Verkauf) anbieten — **argenteis** (*nummis*) — **vis** (, *eamus*)

1. Quid censet Fabius (Quintilianus) de docenda arte grammatica?
2. Cur Cicero suas orationes ad Terentium formasse dicitur? (↗ Z. 12)
3. a) Quid Ciceronis de officiis libri efficiunt?
   b) Quomodo sunt tractandi?
4. Quis commendat versūs Vergilii? 5. Qui libri feriis legendi sunt?
6. Cur libri quorundam poetarum repudiantur? (Dic duas rationes!)
7. Cuius auctoritate Thomas hac in re utitur?
8. Quid Thomas faceret, si libri pluris constarent?

12. De innocentia tuta (Cordier 2, 5)

OBSERVATOR, PUERI studentes

OB. Quid vos hic agitis, pueri? Mihi videmini garrire et nugas agere.
PU. Longe fálleris, nam repetimus una. *OB.* Qua de re?
PU. De verbis anómalis, id quod reddendum est hora tertia.
OB. Bene facitis. *PU.* Vis audire nostrum colloquium?
OB. Immo pergite. Maius opus moveo; volo tendere laqueos picis et graculis.
PU. In area multos ad solem invenies.
OB. Retibus est illic praeda parata meis.

13. Observatoris aequitas (Cordier 2, 6)

OBSERVATOR, PUERI garrientes

OB. Atat! Ecce, nunc capti estis; non fatemini?
PU. Certe fatemur ingenue, sed non dicebamus mala verba. Quaeso te, mi Nicoláe, ne velis notare nos.
OB. Quid garriebatis? Audivi nescio quid de ientaculo.
PU. Illud est; loquebamur de ientaculo matutino, quia famulus non dederat nobis in tempore.
OB. Puto id fuisse, nec certe est valde magnum malum, nisi quod sunt otiosa verba. *PU.* Sed Latine loquebamur.

12,2 **ob-serva-tor** Aufpasser (bei den Schularbeiten)
4 **nūgae, -arum** unnützes Zeug — **anŏmalus** (gr.): unregelmäßig
8 (*opus*) **movēre** (poet.): planen — **laqueus** Schlinge — **pīca** Elster; Plaudertasche — **grăculus** Dohle (*expers putatur artium et litterarum*)
10 **ārea** Schulhof (↗ 4, 15) — **rēte, -is** (n.): Netz

1. Quid pueri agere videntur/agunt?
2. Cur observator colloquium eorum audire non vult?
3. Cum quibus comparantur discipuli garrientes et nugas agentes?

13,1 **ob-serva-tor** (↗ 12, 2) — **Atat** (Interj.): Ha! — **ingenue** (Adv.): h. freimütig — **ne velis notare** ~ *noli notare* („notieren") — **ienta-culum** Frühstück — **Illud est** ~ *Sic/Ita est* — **famulus** Gehilfe (↗ E 5.5) — **dederat** (*id*)

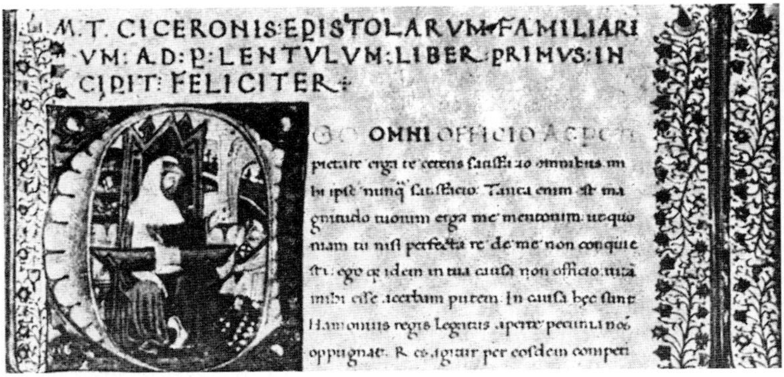
M. T. CICERONIS EPISTOLARVM FAMILIARIVM: AD: P: LENTVLVM: LIBER PRIMVS: INCIPIT: FELICITER

OB. Audivi, sed non erat fabulandi locus. Nam, ut scitis, hoc pusillum temporis a merenda debet vobis esse valde pretiosum, cum sit dicatum studio, scilicet, ut se diligenter quisque praéparet ad reddenda magistris ea, quae praescripserint. Nonne verum dico?

PU. Certe verum dicis, nos debuissemus legere simul de Cicerone, quae mox oportebit reddere. Sed ignosce, precor, suavissime Nicoláe. Posthac erimus prudentiores et officium nostrum diligenter faciemus.

OB. Si sic feceritis, praeceptor vos amabit magis quam oculos suos. Nonne videtis, quemadmodum diligat bonos pueros et studiosos? Nec amat solum, sed etiam laudat et praemiolis afficit.

PU. Ista scimus et cottidie experimur.

OB. Ergo mementote et promissa facite.

PU. Tacebis igitur hanc culpam?

OB. Tacebo, sed ea lege, ut caveatis recidere.

PU. Cavebimus Christo favente.

---

12 **pusillum** wenig — **dicare** widmen — **prae-scribere** vorschreiben, (zum Lernen) aufgeben — **de Cicerone**: wohl zu (*ea*), *quae* . . . — **oportebit** (*nos*) . . . — **praemi-olum** kleine Belohnung/Auszeichnung

27 **cavēre**: h. + Inf. — **re-cĭdere** rückfällig werden

1. Cur pueri nŏtā („Tadel") digni sunt? 2. Qua re se excusare volunt? 3. Quid observator discipulis sedulis promittit? [→ *AcI*]

14. Veniae neglegens accusatur (Cordier 3, 13)

PRAECEPTOR et THEODORUS

PR. Demiror, unde nunc venias.
TH. Domo redeo, praeceptor.
PR. Cur iveras domum? *TH.* Petitum merendam.
PR. Quamobrem non attuleras? *TH.* Mater erat occupata.
PR. Quid tum? Debuisti exire iniussu meo?
TH. Non debui, fateor. *PR.* Quid igitur meruisti?
TH. Plagas accipere; sed ignosce mihi, quaeso, praeceptor.
PR. Cur non petivisti exeundi potestatem?
TH. Quia non audebam te interpellare. *PR.* Quid agebam?
TH. Tenebas libellum quendam et legebas aliquid.
PR. Fieri potest, sed vos tamen saepe me interpellatis ob rem leviorem. Nunc igitur para te ad vapulandum.
TH. Parce mihi, obsecro, praeceptor.
PR. Sine, ut prius cogitem aliquantisper. Age, parco, tum quia ingenue confiteris, tum quod satis studiosus mihi videris.
TH. Gratias ago maximas, praeceptor humanissime.

15. Horae percontatio (Cordier 1, 66)

RICHARDUS et AMBROSIUS

RI. Audistine horologium? *AM.* Dudum sonuit.
RI. Dinumerasti horas? *AM.* Dinumeravi.

14,1 **veniae néglegens** einer, der die Unterrichtsbefreiung nicht einholt
3 **de-mirari** sich (sehr) wundern; „ich wüßte gern . . .“ — **iveras** ~ *ieras* (↗ zu 6, 5) — **Quid tum?** Was willst du damit sagen? — **libellus** ↗ *lĭber*
16 **sinere, ut**: unkl. — **ali-quantis-per** (Adv.): ein Weilchen — **tum . . . tum** ~ *et . . . et* — **ingenue** h. freimütig

1. Cur Theodórus domum ierat? 2. Cuius veniam petere debuit? 3. Qua re se purgare vult? 4. Cur praeceptor ei ignoscit?

15,1 **perconta-tio** Frage, Erkundigung (nach) — **horo-logium** (gr.; ital. orologio): Uhr — **di-numerare** genau (h. mit-)zählen

RI. Quota est? *AM.* Fere sesquiprima.
RI. Instat igitur praelectionis tempus. Fac, ut paratus sis.
AM. Ubi merendam peredero, ecce me paratum.
RI. Cur meridie non adfuisti nobiscum?
AM. Prodieram cum bona venia praeceptoris.
RI. Sed interim sum tibi impedimento.
AM. Nihil ímpedis, ne bolum quidem perdidi interpellatione tua. *RI.* Bene habet. Perge, sed matura.

16. Studendi a cena modus (Cordier 1, 68)

DONATUS et ERASMUS

DO. Quo properas? *ER.* Eo cenatum. Quid tu?
DO. Iam cenavi. *ER.* Quota hora?
DO. Quinta, ut fere solemus. *ER.* Quid nunc ages?
DO. Repetam aliquid eorum, quae reddere habemus crástino die.
ER. Ego didici ex paedagogo meo non esse tam cito a cibo studendum.
DO. Istud ego quoque didici. Sed nolo nunc ediscere.
ER. Quid ergo facies?
DO. Ego quasi animi causa praelectionem particulatim aliquotiens legam et rélegam. *ER.* Quid tum?

---

5 **quŏtus** der wievielte — **sesqui-prima** (*hora*; ↗ 5, 20): die erste und eine halbe (Stunde), d. h. ½2 Uhr (nachmittags)

6 **prae-lectio** Vorlesung; Unterricht — **per-edere** ↗ *per-venire* — **bonus** h. gütig — **interim** h. momentan — **bolus** (gr.): Fang; Bissen

1. Quando praelectionem incipere putas? (↗ E 7.2)
2. Cur Ambrosius meridie non affuit? 3. Quid nunc facit?

16,3 **Quid tu** (*agis*)? — **quŏtus** der wievielte — **ut** (*eā horā*) **fere** (*cenare*) . . . — **cras-tinus**: Adj. zu *cras* — **didici** h. ~ *audivi* — **paed-agōgus** Erzieher (↗ 8, 42) — **ediscere**: h. absolut

12 **animi causā** zum Vergnügen — **prae-lectio** h. (Unterrichts-)Pensum — **particul-atim** (Adv.): stückweise („in Teilchen") — **ali-quotiens** einige Male — **re-legere** (poet.): von neuem lesen — **Quid tum**? Was folgt daraus?

DO. Ita paulatim fiet, ut sine cura, sine taedio, sine molestia bonam partem praelectionis ediscam.

ER. Ista non satis intellego et certe vidéris mihi supra aetatem sapere. *DO.* Non est res adeo difficilis, quoniam te docere possem, nisi ad cenam properares.

ER. De cena in tempore admones. Ego igitur eius causa me domum recipio. Vale. *DO.* Ducat te Deus et reducat.

17. Veniae recusatio (Cordier 3, 18)

CAIUS et PRAECEPTOR

CA. Licetne prodire? *PR.* Quo? *CA.* Domum.
PR. Hem, tam saepe itare domum?
CA. Mater iusserat, ut ego et frater se adiremus hodie.
PR. Cuius rei gratia?
CA. Ut ancilla vestimenta nobis excuteret.
PR. Quid istud? Suntne vobis pediculi?
CA. Et multi quidem.

---

1. Quando (litteris) studendum non est?
2. Cuius proverbii (*-um* Sprichwort) tibi hac in re in mentem venit?
3. Quomodo Donatus repetere vult? [*útere Gerundio*!]
4. Quid fit ex tali modo repetendi? 5. Uter sapientior est?
6. Cur Donatus con-discipulum docere nequit?

17,1 **recusa-tio** Ablehnung — **itare**: Iterativum zu *ire* — **iubere ut**: klass. selten — **ex-cútere** h. ausklopfen — **pēdi-culus** (unkl.): kleine Laus (*pēdis*)

PR. Cur uxorem meam non admonuistis?

CA. Non ausi sumus.

PR. Quasi vero illa sit usque adeo difficilis. Ancillam habet eā potissimum gratiā, ut vestram omnium curet munditiem, nec vos ignoratis illud. Sed gaudetis matris invisendae occasionem vobis dari. Manete igitur. Cras curabo, ut vobis excutiantur vestes.

CA. Sed mater nos obiurgabit.

PR. Egomet eam placabo; quiescite.

18. Aegrotantis domum deductio (Cordier 3, 41)

PRAECEPTOR et CHRISTOPHORUS

PR. Heus, Christóphore. *CH.* Hem, praeceptor.

PR. Quid flet frater tuus. *CH.* Aegrótat. *PR.* Qui scis?

CH. Satis apparet. *PR.* Quo signo? *CH.* Quia vomuit.

Quid illi dolet? *CH.* Caput et stomachus, ut dicit.

PR. Cur non recepit se domum? *CH.* Non ausus est.

PR. Tu vero non audebas me admonere? Age, duc illum tu ipse domum usque et matri narra diligenter, ut ille se habeat. Propera. Quid cessas? Duc eum lento gradu.

CH. Ducam, praeceptor.

---

10 **admonere** h. darauf hinweisen — **ancilla** Magd — **eā gratiā** ~ *eam ob rem* — **mundities** Sauberkeit, Reinlichkeit — **in-vísere** (*vidére*): besuchen

17 **ob-iurgare** schelten — **ego-met** ~ *ego ipse* — **quiescere** „unbesorgt sein"

1. Cur Caius domum ire vult? 2. Quid hac de re praeceptor putat?
3. Quid curat uxor praeceptoris? 4. Quis eam ádiuvat?

18,1 **aegrōto** ~ *aeger sum* — **de-ductio** das Wegbringen — **Heus** (Interj.): Heda! — **vómere** (*-ui*): sich erbrechen (frz. vomir) — **dolēre** h. weh tun

8 **admonere** h. darauf hinweisen — (*narra* . . .,) **ut** (~ *quemadmodum*)

1. Cur praeceptor rogat, quomodo frater Christophori se habeat?
2. Qui Christophorus scit fratrem esse aegrum?
3. Quid praeceptor Christophorum iubet?

19. Morbus, remedium, venia eundi (Cordier 2, 51)

SERVATIUS et LUDOVICUS

SE. Quid tristis es, Ludovíce? *LU.* Aegróto.
SE. Quid morbi est? *LU.* Nescio.
SE. Sed tamen, estne gravis morbus?
LU. Non admodum, gratia Deo.
SE. Quidnam tibi dolet? *LU.* Caput
SE. Quid? Totumne caput? *LU.* Non certe.
SE. Quae pars igitur?
LU. Nescio nomen. *SE.* Estne vertex? *LU.* Non est.
SE. Quid ergo? Utrum sinciput an occiput?
LU. Haec pars anterior. *SE.* Est ergo sinciput.
LU. Quid igitur faciam?
SE. Quiesce bene. Mox sanus eris. Sic enim a matre accepi, nullum esse praesentius remedium capitis doloribus quam quietem. *LU.* Atqui varii sunt morbi capitis.
SE. Et varia fortasse remedia. Sed quid est facilius quam id temptare, quod dixi tibi?
LU. Experiri quidem nihil (ut spero) nocebit. Sed ubi quiescam?
SE. Domi vestrae in lecto. *LU.* Mater non sinet.
SE. Immo, si dixeris te aegrotare.
LU. Atqui putabit me simulare.
SE. Fieri potest, sed quid dubitas periculum facere?
LU. Bonum consilium. *SE.* Utere, si vis.
LU. Faciam profecto.
SE. Enimvero, si sapis. *LU.* Sed unum restat. *SE.* Quid est?
LU. Impetranda est a praeceptore venia. *SE.* Adi et pete. [. . .]

19,3 **aegrōto** ~ *aeger sum* — (*dic*) **tamen** — **dolēre** h. weh tun — **sin-ciput** (**sem*[*i*]- „halb"; *caput*): Vorderkopf — **oc-ciput** (*ob*-): Hinterkopf
15 (*remedium*) **praesens** wirksam — **periculum facere** „die Probe machen", (es) riskieren — **útere** (*eo*) — **enimvero** (ja) wahrhaftig; freilich

1. Quid Ludovico dolet? 2. Quid ei Servatius suadet? (*Obj.*/ut . . .)
3. Cur Ludovicus dubitat consilio con-discipuli uti?
4. Ubi eum quiescere oportet? 5. Quid autem Ludovicus timet?
6. Quid ei primum est petendum?

20. Correctio pueris necessaria (Cordier 4, 17)

EUSTACHIUS et BRANDAMUS

EU. Audivi patrem tuum venisse hodie in gymnasium.

BR. Verum audivisti. *EU.* Qua venerat gratia?

BR. Ut pro meis alimentis praeceptori numeraret pecuniam, simul ut me illi commendaret.

EU. Numquamne te commendarat? *BR.* Immo saepissime.

EU. Quid sibi vult ista commendatione tam frequenti?

BR. Amore vero me prosequitur.

EU. Quid tum? *BR.* Ideo cupit me diligenter erudiri.

EU. Quid si commendat, ut saepius vapules?

BR. Eă est fortasse causă. Sed quid inde? Non propterea me diligit minus. *EU.* Unde istud colligis?

BR. Quia puero tam necessaria est correctio quam alimentum.

EU. Verum quidem dicis, sed pauci ita iudicant. Nemo enim est, quin panem quam virgam malit.

BR. Illud est naturale omnibus, quis neget? Sed tamen patienter ferenda est poena, praesertim iusta.

EU. Haec habetur in libello morali sententia:

Quod merito pateris, patienter ferre memento. [. . .]

20,1 **cor-rec-tio** Verbesserung; Zurechtweisung — **quā gratiā** ~ *quā de causā* (↗ zu 17, 13) — **ali-mentum** (*alere*): Nahrungsmittel; Pl. Verpflegung — **numerare** (*pecuniam*): hinzählen, zahlen — **sibi** (dat. ethicus): „denn“

10 **quid tum/inde**? was folgt daraus? — **col-ligere** schließen, folgern

17 **virga** Rute — **habere sententiam** eine Meinung vortragen — **libellus** ~ *parvus lĭber*

1. Cur pater Brandámi in gymnasium venit?
2. Quomodo Eustachius condiscipulum illudit? (Dicit patrem . . .)
3. Cur panem malumus quam virgam? 4. Quomodo poena est patienda?

21. De quaestionibus commissorum (Mosellanus 16)

IULIANUS et DAMIANUS

IU. O noster Damiane, adest rursus dies, quem ego non minus nobis nefastum et exsecrandum puto quam olim Romani illum, quo in Cannensi pugna tot Romanorum milia ab Hannibale sunt trucidata.

DA. Quid ita? Num mali aliquid huic scholae ex hoc die impendet?

IU. Et tu nescis, praesertim tot annos in ludis versatus?

DA. Qui scire possum scholae huius consuetudinem nuper admodum huc profectus?

IU. Quaestiones hodie fiunt in ludo non aliter quam quadam carnificína. *DA.* Quid narras?

IU. Vera quidem; nam de singulis, quae per totum septimanae cursum quoquo modo commisimus, hodie quisque pro se poenas dare cogimur.

DA. At qui scire possunt praeceptores, quae singuli nos designemus?

IU. Arte quadam omnia expiscantur, ut nihil illis occultum esse possit.

DA. Quid ita? Num divinationum sunt periti?

IU. Minime, sed alia via eodem perveniunt, nam aliquot clanculum in hoc selectis provinciam dant nos, suos commilitones, deferendi prodendique, ut nusquam quicquam omnino tuto agere queamus.

21,1 **quaestio** Verhör — (*scelus*) **commissum** Vergehen — **ne-fastus** unheilvoll — **ex-secrari** (*sacer*): verfluchen — **tru-cīdare** (*caedere*): niedermetzeln — **Quid ita**? ~ verstärktes *quid*? („wieso?") — **ex** infolge

11 **proficisci** h. ~ *venire* — **quādam** durch eine Art von (auch Z. 19) — **carni-ficīna** Folter — **septim-āna** Woche — (*poenas*) **dare** h. erleiden

18 **designare** (nkl.): (Schlimmes) anrichten — **ars** h. Kunstgriff — **ex-piscari** „herausfischen"; ausforschen — **divinatio** Sehergabe, Weissagung; *divinationum*: Der Plural entfällt im Deutschen.

23 **clán-culum** (Adv.; *clam*): heimlich — **in hoc** (Akk.): dafür, für diesen Zweck — **se-lígere** auslesen, auswählen (FW?); *selectis* (*discipulis*) — **provincia** Aufgabengebiet, Auftrag — **com-mílito** ~ *con-discipulus* — **de-ferre** t. t. anzeigen

Semper enim verendum est, ne quispiam ex eiúsmodi ‚Corycaeis‘ nos auscultet et lupus sit in fabula, hoc est, ille ipse nobis ignorantibus adsit, qui quasi conducticius proditor omnia ad praeceptorem déferat.

DA. Hoc illud forsan est, quod ‚lupum‘ audio appellari; nam nomen solum in ea schola, ubi ante egi, iactabatur.

IU. Is ipse est ille clancularius lupus, quem nos miselli non minus odiosum habemus, quam feram illam quadrúpedem horrent oves.

DA. Vereor, ne et nos hodie deferat; quamobrem cogitandum mihi est, ut, si forsan reus fuero, vel me expurgem vel quam minima poena defungar.

22. De surrectione matutina (Mosellanus 14)

SERVIUS et SULPICIUS

SE. Quin surgis, Sulpici? Iam tintinnabula ultimum dilucularis sacrificii signum dederunt, et non ignoras, quanta hominum frequentia hoc sacrum peragatur, ut flagitium plane sit nos non in tempore adesse.

---

27 **Corycaei** Aufpasser, Spione — **auscultare** aushorchen, belauschen — **con-duct-īcius** gemietet — **próditor** ↗ *prodere*

31 **egi** ~ *fui* — **iactare** (ein Wort dauernd) vorbringen („hinwerfen“); Pass. üblich sein — **clan-cul-arius** (Adj.): geheim, verborgen — **misellus** (↗ *miser*): elend, unglücklich — **odiosum** (als . . .) **habere** ~ *odisse* — **quádru-pes** vierbeinig (frz. quadrupède) — **ex-purgare** (v/nkl.): ganz reinigen; rechtfertigen — **de-fungi** überstehen; davonkommen mit

1. Cur Iulianus condiscipulo morem scholae explicare debet?
2. Quis dies erat nefastus Romanis, quis dies pueris?
3. Quemadmodum praeceptores sciunt male-facta puerorum?
4. Quomodo nominantur hi observatores discipulorum?
5. Quae „verba“ significant munus observatorum?
6. Quocum miseri pueri comparantur? 7. Quid Damianus sperat? [→ *AcI*]
8. Quid tu censes de istis Corycaeis?

22,1 **sur-rec-tio** ↗ *surgere* — **tintinna-bulum** (unkl.): Klingel, Glocke — **dilucul-are** (*di-luc-ulum* Morgendämmerung) **sacrificium** Frühmesse — **sacrum per-agere** Gottesdienst feiern — **plane** h. geradezu

SU. Iamiam surgam, tametsi caput adhuc sopore grave sentio; utinam liceret ad satietatem usque dormire! Imitarer certe hodie Horatianos illos iuvenes, quibus pulchrum videtur in medios dormire dies.

SE. At ego te diutius non opperior, ne haec mora mihi plagas lucrifaciat. Ego hinc abeo; tu, quando libet, sequere aut tuo periculo dormi.

SU. Iamiam te comitabor; ne festina tantopere.

SE. Nihil moror. Nunc non est nugandi locus; a prandio vero, ubi pro more nobis a studiis remissio data fuerit, nugabimur.

---

7 **iam-iam** (*-que*): jeden Augenblick — **sopor** (unkl.): tiefer Schlaf — **satí-etas** Sättigung; (v/nkl.): Genüge — **usque** ↗ zu 18, 9 — **Horatianos** ~ *Horatii* — **opperiri** erwarten — **lucri-facere** (*lucrum*): „Gewinn machen“, einhandeln — **quando** ~ *tum, cum* — **tuo periculo** „zu/auf . . .“

14 **ne festīna** ↗ E 11. 3 — **tant**(*o*) **opere** so sehr — **nihil moror** davon will ich nichts wissen (*me adhuc te opperiri*) — **nugari** scherzen; schwatzen — **locus** h. ~ *tempus* — **pro** (*more*): entsprechend — **re-miss-io a** Erholung(spause) von — (*data*) **fuerit** ~ *erit*

1. Cur Servius condiscipulum monet, ut surgat?
2. Cur Sulpicius surgere non vult? 3. Quos Sulpicius imitari vult?
4. Quare Servius diutius manere non vult?
5. Quod solacium Sulpicius habet?

23. Occasio e schola emanendi (Mosellanus 11)

CLEMENS et REMIGIUS

CL. Vae nobis, mi Remigi, ultra praescriptum dormivimus! Iam enim sol undique plena luce resplendet, ut septimae horae signum datum liceat conicere. [. . .] Male metuo mihi a ferula; quare occasionem aliquam, qua hodie e scholis emanere liceat, quaeram.

RE. Quam eam?

CL. Scis, quid a nobis heri contenderit hera nostra?

RE. Scio, nempe ut familiam hauriendis aquis iuvemus. Sed quid tum?

CL. Haec erit rima satis idonea, per quam elabamur; quamobrem tuum erit, ubi octavae signum auditum fuerit, quasi e mediis laboribus in ludum íngredi atque a praeceptoribus emanendi copiam poscere hac ipsa, quam dixi, causa assignata.

RE. Vereor, ut procedat commentum, quandoquidem hoc die, quo funus magnificum est deducendum et defuncti mānibus parentandum, vix facultatem hanc dabit et alioqui pauci iam adsunt, qui pompam instruant.

CL. Temptandum est, utcumque res exeat. [. . .]

23,1 **e-manēre** (nkl.): aus-, wegbleiben — **vae** (Interj.): wehe — **prae-scrip-tum** (*tempus*) — **re-splendēre** (*splendidus*): strahlen — **datum** (*esse*)

6 **male** (in pejorativen Ausdrücken): ~ *valde* — **metuo mihi ab alqa re** ~ *metuo alqd* — **fĕrula** Rute — **scholae** (Pl.): Schulstunden; Unterricht

8 **Quam** (*dicis*) **eam**? Was für eine (Gelegenheit) meinst du damit? — **contendere** (*a*): dringend verlangen (von) — **(h)ĕra** Hausfrau, Wirtin — (*contendit*) **ut** — **familia** Gesinde — **Quid tum**? Was folgt daraus?

12 **rīma** Ritze — **e-lábi** „heraus-gleiten"; entwischen — **octavae** (*horae*) — **fuerit** ~ *erit* — **as-signare** (*ad-*): bezeichnen; h. angeben

17 **pro-cedere** ~ *suc-cedere* — **com-mentum** (*mens*): Einfall, Lüge — **funus de-ducere** einen Leichenzug begleiten — **de-functus** ~ *mortuus* — **parentare** ein Totenopfer bringen; beten für — **dabit** (*praeceptor*) — **pompa** h. Leichenzug — **in-struere** veranstalten — **exeat**: Konj. ↗ E 11. 3

1. Cur Clemens putat se diutius dormivisse?
2. Quomodo Remigius ferulam vitare conatur?
3. Qua ratione praeceptorem decipere vult?
4. Quod impedimentum Remigius timet?

24. De frigoris iniuria (Mosellanus 20)

HIPPOLYTUS et CLETUS

HI. O quam sunt felices, quibus per opes iam licet domi ad camīnum aut calefactum hibernaculum adsidēre!

CL. E diverso quam nos infelices, qui miseri nullis pellibus, immo nullis paene vestibus adversum frigoris iniuriam armati per medios imbres, nives et glaciem ostiatim quaerere victum cogimur! Sed solatur me illud Flacci:

Qui cupit optatam cursu contingere metam,
multa tulit fecitque puer, sudavit et alsit,
abstinuit Venere et Baccho, qui Pythia cantat. . .

Alioqui, si similis esset exitus illorum et noster, non esset, cur non iniurium Deum dicerem, qui tam inique res humanas administraret.

HI. Quin taces! Ne quid ferocius in Deum effutias!

24,1 **iniuria** h. Unbill, Härte — **camīnus** (gr.): (nkl.) Kamin, Ofen — **cale-facere** (*calor*): wärmen, heizen — **hiberna-culum** (nkl.): „Winterzelt"; (Winter-) Wohnung — **ad**: frei zu *hiberna-culum* bezogen (~ *in* + Abl.)
5 **e diverso** ~ *contra* (Adv.) — **nos** wir beide (und unseresgleichen) — **in-felíces** (*sumus*) — **arm-are** ausrüsten — **nives** (Pl.): Schneemassen — **osti-atim** (Adv. zu *ostium*): von Tür zu Tür (gehend) — (*con*)**solari** ↗ *solacium* — **illud** (*verbum Q. Horatii*) **Flacci** — **mēta** Zielsäule (beim Wettkampf) — **sudare** schwitzen — **algēre** (*alsi*): frieren — **Venus, Bacchus**: metonymisch — **Pythia** (n. Pl.) **canere** bei den Pythischen Spielen singen
12 **ex-itus, -ūs** h. Erfolg — **illorum** ~ *felicium* (Z. 3) bzw. *divitum* — **in-iurius** (klass. selten): ~ *in-iustus* — **ef-futire** unbedacht schwatzen (*in*: gegen)

1. Ubi Hippólytus sedere vult, sed non potest?
2. Quid facere discipuli tum saepe coguntur?
3. Qua re in victu quaerendo saepe impediuntur?
4. Quocum Cletus suam sortem cómparat?
5. Cur Deum accusare vult?

25. De domicilio et de paupertate (Mosellanus 7)

IOSEPHUS et CLEANTHES

IO. Quid agitur, mi Cleanthes? Contigitne tibi commoda habitandi ratio? Aut adhuc incertis sedibus oberras?

CL. Contigit quidem habitaculum, sed eius commoditas tanta non est, quantam fore speravi, siquidem spes erat fore, ut civis alicuius beneficio una cum domicilio et victum qualemcumque nanciscerer; verum multo aliter evenit. Nam vix impetrare potui, ut pro locario statuto mihi angulus in ludo locaretur; victum vero, quando pecuniae est parum, ostiatim emendicari oportebit, nisi forte melior mihi fortuna posthac obvenerit. Tu autem felix es, mi Iosephe, cui parentes tantum sumptum suppeditare sufficiunt, quantum ad studiorum commoditatem est satis.

IO. Est, diis gratia, unde haec commoda mihi parem; sed quo plura mihi sunt ad disciplinas parandas commoda, eo ipso graviori dignus essem odio, si non plus quam vestrum quispiam didicero. Attamen nec vos de medíocri studiorum vestrorum profectu desperare decet, quandoquidem constat multos humili loco natos ad haec nullis omnino fortunae dotibus adiutos ad eruditionis fastigium ascendisse.

An non Protagoras ille physicus ex baiulo factus est philosophus? Non Cleanthes, cuius tu nomen refers, aquis noctu hauriendis diurnum victum sibi quaesivit?

25,1 **domi-cilium** h. Unterkunft — **quid agitur**? ~ *quid agis*? — **in-certis sedibus** „ohne feste . . .“ — **ob-errare** (nkl.): umherirren — **habita-culum** (mlat.): Wohnung — **commod-itas** Bequemlichkeit — **qualis-cumque** wie (beschaffen) auch immer; h. Attribut („bescheiden“) — **loc-arium** (mlat.): Miete

11 **est** (*mihi*) — **osti-atim** (durch Gehen) von Tür zu Tür — **e-mendicare** erbetteln — **ob-venire** (nkl.): zuteil werden — **sup-peditare** zur Verfügung stellen, geben

16 **Est** (*pecunia*), **unde** (~ *quā*) — **át-tamen**: verstärktes *tamen* — **profectus, -ūs** Fortschritt, Erfolg — **ad haec** (*studia*) — **dos, dotis** Mitgift; Gabe — **erudi-tio** Bildung — **fastigium** Gipfel, Spitze

24 **physicus** (gr.): (Natur-)Philosoph — **baiulus** Lastträger — (*nomen*) **referre** tragen („in Erinnerung zurückrufen“) — **diurnus** für einen Tag, täglich

Et quem Stoicum hic non aequavit? Sed et Plautus inter ipsos pistrínae molestos labores laudatissimas illas comoedias conscripsit.

CL. His et eiusmodi aliis exemplis animatus in studiis persevéro: alioqui me iam pridem ad manuarium aliquod artificium transtulissem. Quamquam sunt mei ordinis plerique adulescentes in ludis magis putrescentes quam studentes adeo infelici ingenio, ut ad nullas litteras sint appositi; hi mihi nulli alii usui esse videntur in civitatibus, quam quod alios mendícos, dum eis panem praeripiunt, ex urbibus pellunt. Iis ego consulerem, ut se ad aliquod aliud studium applicarent.

IO. Probe dicis, mi Cleanthes; nam si omnes essent eiusmodi ingenio praediti, quali tu, fovendos modis omnibus putarem. Certe, quod ad te attinet, spero propediem tibi meliorem fore condicionem, nempe ut apud civem quempiam, cui nonnumquam inservias, omnem studiorum commoditatem sis habiturus.

CL. Utinam Deus ita faxit!

IO. Faxit; ne dubita et in hoc mea commendatione iuvábere.

---

28 **pistrína** (Mahlbetrieb mit) Backstube

30 **animare** beleben; ermutigen — **persevērare** beharren, fortfahren (*in*: mit) — **manu-arius** mit den Händen, Hand- — **artificium** h. Beruf/Arbeit — **se transferre ad alqd** sich einer Sache zuwenden — **Quamquam** (im HS): indes — **putr-escens** verfaulend; faul — **appositus ad** ~ *aptus ad*

36 **mendīcus** (↗ Z. 11): Bettler — **consúlere** h. ~ *suadére* — **prae-ripere** (vorher) entreißen — **se ap-plicare ad** sich verlegen auf

39 **probe** ~ *recte* — **fovēre** wärmen, hegen; fördern; (*eos esse*) *fovendos* — **quod ad me at-tinet** meinetwegen — **propé-diem** demnächst — **in-servire** zu Diensten sein — **faxit** (alter Optativ): ~ *faciat* — **in hōc** dabei — **commenda-tio** — **iuvá-bere** ↗ E 11. 1

1. Uter discipulus est divitior? 2. Quid Cleanthes speraverat?
3. Ubi Cleanthes nunc habitat? 4. Quomodo victum sibi parat?
5. Quis Iosephum ádiuvat? 6. Quid Iosephum decet?
7. Quis humili loco ortus postea illustris factus est?
8. Quemadmodum hi viri antea victum sibi quaesiverant?
9. Quales sunt multi adulescentes in ludo?
10. Ad quod artificium apti videntur?
11. Quid Iosephus, quod ad con-discipulum attinet, sperat?

26. Cultura corporis et vestitus (Cordier 4, 24)

LEONARDUS et PANTALEON

LE. Demíror tuam neglegentiam. *PA.* Qua in re tandem?

LE. Quod te non curas diligentius.

PA. Ego vero me curo fortasse nimis. Satis edo, bibo, dormio, quae est Dei erga me benignitas; praeterea pecto capillum, lavo manus, faciem, dentes, oculos et haec mane praecipue. Quin etiam, cum tempus postulat, corpus exerceo, relaxo animum et ludo cum ceteris. Quid vis amplius?

LE. Mittamus ista; non ea sunt, quae in te reprehendo.

PA. Quid igitur?

LE. Circúmspice vestimenta tua a calce ad verticem: nihil íntegrum invenies, omnia sunt lacera et obsoleta. Ista profecto nequaquam vestrum genus decent. Si saltem curares vestitum tuum sarciendum aut quoquo modo instaurandum.

PA. Lóqueris tu quidem, quae libent. Quod si parentes haberes tam procul remotos, fortasse non esses elegantior. Si mihi pecunia suppeteret, non paterer me usque adeo pannosum esse.

LE. Nec ideo tamen cares neglegentia. Cur enim non petis alicunde mutuo? *PA.* Unde peterem?

LE. Si non aliunde, certe a praeceptore posses.

PA. Quid si dare nollet? *LE.* Nemini denegat ex discipulis domesticis, siquidem videt opus esse.

26,1 **vestitus** (**-ūs**): ~ *vestis* — **de-mirari** (*alqd*): staunen (über) — **neg-legent-ia** Nachlässigkeit — **se curare** sich pflegen

6 **quae est . . . benign-itas** bei/dank der Güte . . . — **pectere** kämmen (frz. peigner) — **re-laxare** entspannen — **mittere** (beiseite) lassen

13 **calx, -cis** Ferse — **lacer, -era, -erum** zerrissen — **obs-olētus** abgetragen, abgenutzt (FW?) — **si** h. ~ *utinam* — **saltem** wenigstens — **sarcire** ausbessern, flicken — **in-staurare** instandsetzen (FW?) — (*tibi*) **libent** — **tam procul** (pleon.): ~ *tantopere* — **elegantior** (*quam ego*)

21 **pann-osus** (*pannus* Lumpen, Lappen): zerlumpt — **ali-cunde** irgendwoher — **mutuo** (Adv.): auf Borg, leihweise — **nec ideo tamen** ~ *tamen non* — **peterem**: statt *petam* (↗ E 11. 3) — **ali-unde** (*petere vis*): anderswoher — **posses . . . nollet**: h. eher Potentialis der Gegenwart (↗ E 11. 4)

25 **de-negare** ~ *negare* — **domestici**: *qui in domo praeceptoris habitant* (1, 8/9)

PA. Id ego non ignoro, sed sum verecundior, quam ut audeam ab eo petere. *LE.* Ah, rusticus est iste pudor.

PA. Malo tamen verecundus esse quam impudens.

LE. Verecundia, ut dixit quidam, est bonum in adulescente signum. Sed ubique adhibenda est mediocritas.

PA. Ego eo sum ingenio, ut semper verear offendere quempiam.

LE. Ingenium laudo, sed est modus in rebus. Nam ille offendendi metus habere locum debet in rebus turpibus aut certe indecoris; hīc vero nihil tale video. Est enim usitatum in hominum societate, ut alii aliorum operā indigeant. Quis igitur mihi vitio dabit, si quid ab amicis aut commodato petam aut mutuo?

PA. Nemo reprehendet, nisi forte rebus eiusmodi abuti velis. *LE.* Tu vero, quantum ego te novi, abuti nolles.

PA. Apage istum abusum.

LE. Quid ergo iam obstat, quominus petas, praesertim ab homine facillimo tuique, ut apparet, amantissimo?

PA. Age, petam, sed per epistolium, quod, ut reddas, tibi dabo. *LE.* Reddam profecto libentissime teque illi commendabo diligenter.

PA. Equidem non parvam tibi gratiam habebo, quod me tanti feceris, ut ad hanc fiduciam hortarére.

LE. Nunc restat, ut scribas, quod dicis, epistolium; reliqua mihi committas. *PA.* Bene vertat Deus, quod coepimus.

LE. Ne dubites; res prospere succedet.

---

27 **vere-cundus** schüchtern — **mediocr-itas** (gesundes) Mittelmaß

34 **modus** rechtes Maß — **locum habere** statthaben/-finden — **in-decōrus** — **usitatus** üblich — **ind-igēre** ~ *egēre* — **commodātum** Darlehen — **velis**: statt *vis* (↗ E 11. 3) — **nolles**: wohl Potentialis wie Z. 24/25

42 **ápage** (gr.): fort! weg mit . . .! — **ab-usus** (-ūs): Mißbrauch — **amans** (+ Gen.): (einem) zugetan — **epistŏlium** (gr.; unkl.): Briefchen

1. Qualem vestitum Pantáleon habet? 2. Cur néglegit vestitum suum?
3. Quid Leonardus ei suadet? (Ut . . .) [Z. 15/17 bzw. 22/24]
4. Cur Pantaleon pecuniam mutuo petere non vult?
5. Quare Leonardus verecundiam condiscipuli non probat?
6. Cur veri simile est praeceptorem discipulo pecuniam daturum esse?
7. Quomodo Pantaleon pecuniam a praeceptore petet?
8. Placetne tibi a praeceptore pecuniam mutuo petere?

27. **De natali celebrando** (Mosellanus 2)

OSVALDUS et MICHAEL

OS. Non tu hodie tuum natalem célebras atque nos, tuos sodales, convivio éxcipis? An ignoras hunc diem divo Michaeli, cuius tu nomen refers, esse sacrum?

MI. Scio equidem; quid autem facerem, quando ne obolum quidem habeo, quo panem emere queam, nedum convivia agitarem?

OS. Non his nundinis a parentibus tibi nummi sunt missi?

MI. Sunt utique, sed ante nundinarum exitum e mercatore, qui litteras modo dedit, extorquere possum nihil; ait enim sibi in tanto hominum strepitu otium ad numerandas pecunias non esse; alióqui non modo natalem meum convivio exciperem, sed et genio bono, quem angelum dicimus, peculiari aliqua hilaritate gratificarer.

OS. Itaque Terentiano illo satis excusati sumus:
‚Ut quimus‘, aiunt, quando, ‚ut volumus‘, non licet.

27,1 (*dies*) **nat-alis** Geburtstag — **sodalis, -is** Kamerad, Gefährte — **divus** (kirchenlat.): ~ *sanctus* — **referre** h. tragen (↗ 25, 25)

6 **Scio** (*id*) — **obolus** Obolus (kleinste griech. Münze) — **nēdum** (Adv.): geschweige denn, daß — (*convivia*) **agitare** feiern, abhalten

9 **núndinae, -arum** Wochenmarkt — **útique** jedenfalls, durchaus (h. starke Bejahung); (*nummi*) *sunt utique* (*a parentibus missi*) — **litteras** (*parentium*) **modo** („nur“) **dedit** (*mihi*) — **ex-torquēre** entwinden

13 ([*diem*] *natalem meum*) **ex-cipere** (unkl.): feiern — **genius** (↗ *gi-gnere, gen-ui*): Schutzgeist — **angelus** Engel — **peculi-aris** eigentümlich; außerordentlich — (*hílaris*) — **grati-ficari** eine Wohltat erweisen, opfern

17 **Terentiano illo** ~ *illo* (*versu*) *Terentii* — **aiunt** sagt man (im Sprichwort) — **quando** (*sic*), **ut volumus**, (*nobis*) **non licet**

1. Quid Osvaldus exspectat? [→ *AcI*]
2. Cur Michael amicos in convivium adhibere nequit?
3. Quid faceret, si pecuniam haberet?
4. Quae verba Terentiana Michaeli solacio esse possunt?

28. De ingenii praestantia (Mosellanus 13)

SIXTUS et ALEXANDER

SI. Felix tu quidem es, mi Alexander, cui ingenium tam fecundum tamque perspicax contigit.

AL. Est nobis, Christo Deo gratia, non omnino infelix, sed tamen non tantum, quam forsan tibi videtur. Fit enim, nescio quomodo, ut nostri nosmet paeniteat, aliena fere suspiciamus.

SI. Et tu, quantum audio, aliquid insuper desideras.

AL. Quidni? Quando memoriam mihi sentio omnino fluxam et parum tenacem. Nam ut facile, quae traduntur, percipio, ita non sine maximo negotio percepta retineo.

SI. At ego difficulter intellego, verum semel intellecta diutissime reservo; et, ut video, tibi cereum est ingenium, mihi vero saxeum. Cerae quidvis facile impresseris, at impressum vestigium statim evanescit; saxo tametsi quid non sine labore insculpitur, semel tamen insculptum multis saeculis durat.

AL. Recte plane confers, sed hoc me male habet, quod videas plerosque ingenio numeris omnibus felicissimo praeditos, at vicissim moribus adeo turpibus, ut non inepte dixeris eorum ingenia male habitare.

28,1 **praestant-ia** Vortrefflichkeit — **fe-cundus** fruchtbar, ergiebig — **per-spic-ax** (-**ācis**): scharfsinnig — **nobis** ~ *mihi* — **in-felix/tantum** (*ingenium*) — **nostri**: Gen. zu *nostrum* (neutr.), nicht zu *nos* — **nos-met** ~ *nos ipsos*; *nostri/nosmet:* h. Pl. zur Verallgemeinerung — **su**(*b*)**-spicere** ~ *admirari*

9 **ín-super** (Adv.): noch obendrein — **Quid-ni**? Warum nicht? Sicherlich — **quando** h. denn — **mihi** ~ verstärktes *meam* — **sentio**: + AcI (erg. *esse*) — **fluxus** „fließend"; unsicher — **ten-ax** (-**ācis**): (das Gelernte) „festhaltend"; h. zuverlässig — **traduntur** ~ *docentur* — **neg-otium** ~ *labor* (Z. 17)

14 **re-servare** ~ *servare* — **cer-eus** aus *cera* ↗ *sax-eus/saxum* — **im-primere** ↗ *premere* — **e-van-éscere** verschwinden — (*ali*)**quid** — **in-scúlpere** (*sculp-si*): einmeißeln — **multis saeculis** innerhalb . . .; . . . lang

19 **con-ferre** (abs.): einen Vergleich anstellen — **alqd me male habet** etw. macht mir (schlimm) zu schaffen — **numeris omnibus** in jeder Beziehung — **vicissim** (*vicis*): wechselweise; andererseits — **dixeris**: *in colloquio priore* — **habitare** (abs.): einen Wohnsitz haben, untergebracht sein

SI. Credo dicterium hoc vetus esse et olim de Galba, homine ad prodigium usque deformi, dictum; sic enim audire commemini. [. . .]

29. De commodis ac molestiis variorum temporum (Mosellanus35)

CORNELIUS et GULIELMUS

CO. Ut nihil est usque ex omni parte felix!

GU. Quid stomacharis tecum, mi Corneli?

CO. Non iure stomachor, qui me tot malis in hoc immundo mundo obnoxium experior?

GU. Quid est, de quo praeter ceteros adeo queri possis, nisi forte paupertatem in ius vocas?

CO. Quasi hoc solum sit malum, etiamsi gravissimum; vides et, opinor, sentis, ut nihil non sit adversum. Hibernis temporibus frigore concutimur; nunc aestus et caniculae rabies nos excruciat. Interdiu quidem ob annonae caritatem et nostram paupertatem fame ac siti laboramus; ut taceam interim nusquam non cúlices et muscas

---

23 **dic-tērium** (griech.-lat. Wortkombination; v/nkl.): beißendes Bonmot — **prodigium** h. Ungeheuerlichkeit — **de-form-is** ↗ FW — **dictum** (*esse*) — **sic** „in diesem Sinn“ — **audire com-memini** ~ *memini me audivisse*

1. Quale ingenium Alexandro contigisse videtur?
2. Qualem memoriam sibi naturā datam esse Alexander ipse putat?
3. Quocum Sixtus suum ingenium cómparat?
4. Habentne homines tales mores, quale est ingenium?
5. Quid in Galba male coniunctum erat?
6. Qui vestrum habent memoriam ceream? Qui saxeam?

29, 1 **tempora** h. Jahreszeiten — **Guliélmus** Wilhelm

3 **usque**: zeitlich! — **ex omni parte** in jeder Beziehung — **stomach-ari** ärgerlich sein — **im-mundus** unsauber, schmutzig — **obnoxium** (*esse*) — **praeter** mehr als — **in ius vocare** ~ *accusare*

9 (*dicis*,) **quasi** — **etiamsi**: h. ohne Verbum — **ut** ~ *quomodo* — **adversus** „widrig“ — **hibernus** winterlich — **con-cútere** h. schütteln — **cani-cula** (*canis*): Hundsstern (im Juli) — **rábies, -éi** Wut; h. heftige Glut — **interdiu** // *nocte* (Z. 15) — **annona** (*annus*): „Jahresertrag“; Lebensmittel

14 **ut taceam** (+ Akk.): um zu schweigen (von) — **interim**: zu den Partizipien — **nusquam non** ~ *ubíque* — **culex, -icis** (m.): Mücke — **musca** Fliege

nobis obvolantes et corpusculum exsugentes; nocte vero cum cimicibus ac pulicibus bellum gerimus. Ad haec miseros exterrent iam fulgura, iam fulmina, iam tonitrua. Mox et autumnus sescenta morborum genera effundet, nonnumquam morborum omnium pestilentissimum: pestem. Adde, quod huius temporis occasione plerique nostri ordinis, dum stulti frigida lavare volunt, in rapidis et profundis fluminibus capitis iacturam faciunt.

GU. At tu naturae parum gratus incommoda quidem, quae secum adferunt aestivi menses, accurate recenses, commoda vero, quae simul praestat, praeteris.

CO. Quae ea sunt, quaeso?

GU. Rogas? Primum nec igne nec vestibus admodum est opus, deinde hoc tempus tot frugum genera donat: . . . nuces, . . . castaneas molles, racemos, super omnia vero dulcissimum mustum. An haec parva tibi videntur aestatis et autumni munera? Vidéris mihi ex eorum esse grege, de quibus Seneca eleganter dixit: Nemo beneficia in calendarium scribit. Postremo cogitandum semper est sic placuisse naturae conditori Deo, ut in hoc mundo nihil sit hominibus omni ex parte beatum, quo videlicet ex his mundi perturbationibus ad aliam patriam aspiremus.

---

15 **corpus-culum** ~ *nostrum corpus miserum* — **ex-súgere** aussaugen — **cimex** (unkl.): Wanze — **pulex** (v/nkl.): Floh

17 **ad haec** ~ *praeterea* — (*nos*) **miseros** — **iam . . . iam . . . iam** bald . . . bald . . . bald — **fulgur, -ŭris** (n.): Blitz, Wetterleuchten — **tonitruum** Donnerschlag — **ses-centi** sechshundert; h. übertreibend für „sehr viele“ — **pesti-lens, -lentis** unheilvoll, verderblich — **pestis** (f.): h. Pest

21 **frigidā** (*aquā*) — **lavare** (intr.: v/nkl.): (sich) baden — **profundus** tief — **aestīvus** sommerlich — **re-censere** ~ *e-numerare*

30 **nux, -cis** Nuß — **castánea** (gr.) **mollis** Eßkastanie — **racēmus** (Wein-)Traube — **mustum** Most — **calend-arium** (nkl.): Schuldbuch

36 **cónditor** Gründer, Schöpfer — **quo** ~ *ut* (final) — **per-turba-tio** Verwirrung, Drangsal — **a**(*d*)**-spirare** (*ad*): trachten (nach)

1. Quibus malis Cornelius laborat? 2. Enumera terrores naturae!
3. Demonstra Cornelium inique de natura iudicare!
4. Quid natura aestate hominibus pauperibus praebet?
5. Cur nihil in mundo perfectum est? Quid de hac re Gulielmus censet?

30. De ludendi ratione (Mosellanus 15)

HENRICUS et FRIDERICUS

HE. Tu nobiscum pilā ludes, Frideríce? An cum istis cursu mavis certare?

FR. Mallem cum uno et altero iucundo sodali deambulatum ire.

HE. Quin tu ante paulisper pila colludis? Postea et nos una tecum deambulabimus.

FR. At ego huiusce ludi non admodum sum peritus; nam nec caute pilam mittere nec missam manu satis certa excipere sufficio.

HE. Nihil est, quod hac gratia sis sollicitus; ipsa rei exercitatio te satis, quid facto opus sit, admonebit. Quod si hinc omnibus modis abhorres, age ludum minoris negotii, nempe globularem incipiamus.

FR. Quando ita vultis, non recuso, tametsi praeter risum spectantium nihil me lucraturum scio. Siquidem, ubi decies aberraro, vix semel tandem ferio idque casu magis quam arte.

HE. Non magni rēfert in hoc certamine, vincas an vincaris; neque enim caput agitur aut pro pecunia certatur.

30, 5 **mallem** ~ *malim* (alat.)/*mālo* (↗ E 11.3/4) — **sodalis** Kamerad, Gefährte — **de-ambulare** (v/nkl.): ~ *ambulare* — **paulisper** (Adv.): ein Weilchen

9 **huius-ce** ~ *huius* — **mittere** h. (zu-)werfen — **ex-cipere** h. auffangen

12 **hāc gratiā** ~ *hac de causa* (↗ zu 17, 13) — **facto**: statt *facere* — **hinc** (~ *ab hoc ludo*) **ab-horrere** dagegen eine Abneigung haben — **negotium** ~ *labor* — (*ludus*) **globul-aris** Kugelspiel

16 **risus, -ūs** Gelächter — **lucr-ari** (*lucrum*): gewinnen — **Si-quidem**: HS! — **dec-ies** zehnmal — **ab-errare** // **ferire** (abs.; h. „treffen")

21 **caput agitur** es geht um den Kopf

1. Quid Henrícus vult? 2. Quid Friderícus mavult?
3. Cur Fridericus pilā ludere cum sodali non vult?
4. Qualem alterum ludum Henricus proponit?
5. Cur Fridericus veretur, ne risum praebeat?
6. Quid Friderico solacio esse potest?

31. De feriis nataliciis Christi (Mosellanus 24)

PENIUS et FRANCISCUS

PE. Et gaudeo et doleo, mi Francisce, festa haec natalicia appetere. Gaudeo quidem, quod hae feriae omnia laeta et festiva secum apportant; doleo autem, quod scholasticis nobis in addiscendis horum festorum cantionibus grandis est exhauriendus labor. Praeterea totis diebus in templis algendum. Postremo et illud vereor, ne, si matutina sacra nimis alto sopore detentus neglexero, et plagas mihi lucrifaciam.

FR. Vera sunt haec, quae dicis; attamen quando hanc condicionem accepimus, advigilandum nobis erit et omnia fortiter perferenda; nam et peiora his passi sumus. Dabit Deus his quoque finem, ut taceam hos nostros labores in pietatis cultum cedere.

PE. Certe plus satis delicati essemus, si non tantum molestiae vel pro solo Christo devoraremus, cuius respectu tot infantium innocens aetas crudeles barbarorum militum gladios est perpessa; cuius rei memoria et his feriis coniuncta est. [. . .]

31, 1 **feriae/festa (-orum)**: Feiertage — **natal-icius** zur Geburt gehörig — **ap-petere** (von der Zeit): herankommen — **omnia** „lauter“ — **fest-īvus** fröhlich, lustig — **ad-discere** dazulernen — **cantio** Gesang — **ex-haurire** „ausschöpfen“, überstehen — **templum** Kirche — **algēre** frieren (↗ 24, 10)

9 **matutína sacra** Frühgottesdienst — **sopor** ~ *somnus* — **de-tinēre** festhalten — **lucri-facere** „einhandeln“ (↗ 22, 12) — **attamen** ~ *tamen* — **condicionem** (*scholasticam*) — **ad-vigilare** h. ~ *surgere* — **et** (Z. 13): sogar, noch — (*peiora*) **his**: Abl.! — **cedere in** sich verwandeln zu, dienen als

16 **plus** (*quam*) **satis** — **delicatus** h. empfindlich — **tantum molestiae** ~ *tantam molestiam* — **vel solo pro Christo** sogar nur um Christi willen — **devorare** hinunterschlucken; d. h. hinnehmen — **cuius re-spectu** (in Rücksicht auf: unkl.): ~ *cuius causā* — **pér-peti** (*perpessus sum*): ~ *pati*

1. Quid boni feriae nataliciae Christi discipulis ap-portant?
2. Quid tamen Penius timet? (Ne . . .) 3. Quae solacia affert Franciscus?
4. Quid multi infantes innocentes pro Christo passi sunt?

3. Sachkommentar

1. Deductio ad ludum (Vives 3)

Bei der Wahl des Lehrers zählen nicht nur Gelehrsamkeit (*doctissimus, nec eruditionis aspernandae*), sondern gleichermaßen Charakter (*probissimus*) und pädagogische Einstellung (*diligentissimus*). Die religiöse Note (Z. 13 *Adsit tibi Christus, magister*) ist typisch für Vives (↗ E 9); dem entspricht auch der weggelassene Anfang (Vater zum Sohn:) *Signa te sacro signo crucis! Duc nos, Iesu Christe, sapientissime dementes, potentissime imbecilles!* (Stilfiguren?)

6 **Varro** (*doctissimus*): Wohl Anspielung auf den berühmten römischen Gelehrten M. Terentius Varro (116—27), Ciceros Zeitgenossen.

6/7 **vir probissimus nec eruditionis aspernandae**: Kombination verschiedenartiger Attribute (Adj. — gen. qual.), auch klass. (↗ zu 9, 36/37).

nec eruditionis aspernandae: *nec* steht für *et . . . non* (*aspernandae*): Litotes. Das Gerundiv dient zur Bezeichnung der Möglichkeit, besonders bei lobenden/tadelnden Ausdrücken (oft in Ciceros Briefen).

8/9 **scholam frequentissimam et domi numerosum gregem contubernalium**: Schon die Lehrer unter den italienischen Humanisten hatten eine Reihe von „Privatschülern" (↗ E 7. 1) im eigenen Haus (meist unter zehn!).

12 **formatorium**: vgl. den veralteten Ausdruck „Bildungsanstalt" (*-torium* bezeichnet den Ort).

quasi officina hominum: *quasi* mildert den Vergleich; noch der große Pädagoge Amos Comenius († 1670) formuliert: *Scholae sunt humanitatis officinae, efficiendo nimirum* (natürlich), *ut homines vere homines fiant.*

14 **Aperi caput**: Der *puer* trägt vielleicht schon eine Schülermütze, die Vives zwar nicht erwähnt, die aber zeitgenössische Bilder nahelegen.

flecte poplitem: Ausdruck der Ehrfurcht statt der bloßen „Verbeugung".

16/17 **Ecquid rei est**? (↗ 3, 4 *Quid hoc rei est*?): Offensichtlich Kombination zweier in der Komödie üblicher Wendungen: a) *Quid id/hoc* (*est*)? (z. T. mit *sed/autem*); b) *Quae* (*haec*) res (*est*)?

17 **filiolum**: Das Diminutiv bezeichnet die Liebe des Vaters und das Alter des jungen Sohnes (etwa 10 Jahre).

17/18 **ut ex belua hominem facias**: Ohne geistige Ausbildung bleibt der Mensch auf der animalischen Stufe stehen (Gemeinplatz seit der Antike).

22 **Quanti doces**: Das Schulgeld entfiel erst mit der Einführung der staatlichen Lehrerbesoldung. Gewinnstreben und Ruhmsucht der Lehrer werden von Vives bitter beklagt, weshalb dieser schon die staatliche Besoldung der Lehrer forderte. (Kayser 168)

2. Contemptor solidae eruditionis (Cordier 2, 33)

7 **Satis est signi te non amare litteras**: Zur intensiven Beschäftigung mit den Wissenschaften gehört *amor/erōs* (griech.), d. h. innere Begeisterung ohne dauerndes Schielen auf unmittelbaren Nutzen.

17 **Lucrum, divitiae et voluptas felicitatem pariunt**: Dieser epikureische Standpunkt, nach dem die *voluptas* die entscheidende Voraussetzung für die Glückseligkeit ist, wird i. allg. von den Humanisten — mindestens nach außen hin — verachtet. Als der damals noch junge, später hochberühmte Lorenzo Valla 1431 seinen Dialog ‚De voluptate' veröffentlichte, erregte er größtes Ärgernis (Voigt I 466). Viele Humanisten lebten aber geradezu dem Gewinnstreben.
et an dritter Stelle begegnet oft in den Schülergesprächen; dies ist der klass. Prosa fremd, dagegen häufig in der Komödie und in Ciceros Briefen.

20/21 **nulla . . . pretiosior possessio quam virtus et rerum honestarum cognitio**: der stoische und (offizielle) humanistische Standpunkt. Für die Stoiker waren das tugendhafte Leben (*virtus*) und das sittlich Wertvolle (*res honestae* bzw. *honestum*) die alleinige Voraussetzung für das glückliche Leben. Äußerer Mißerfolg, Schmerzen und Leid dürfen unser Tugendstreben nicht beirren, die Leidenschaften den Blick für das einzige Gut (*virtus*) nicht trüben. Die Stoiker stellen damit ein kaum erreichbares Ideal auf; sie stehen im Gegensatz zu den Epikureern.

24 **Hem, obtundis me**: Gängige Elemente der Komödie bzw. der lat. Umgangssprache, in der **Numquid vis**? die übliche Verabschiedungsformel ist.

25 **Ut bonam mentem det tibi Deus**: *bona mens* ist ein Zentralbegriff in Senecas Ethik (die rechte Seelenverfassung mit der Einheit von Streben, Denken und Handeln); sie dient dem Stoiker als Voraussetzung für die innere Ausgeglichenheit und damit des „Glücks", das sich der antike Mensch kraft eigener Einsicht und Willensanstrengung verschafft; der Christ sieht hier (auch) Gottes Gnade (*det tibi Deus*). Auch Erasmus verwendet den Begriff oft, z. B. in den ‚Colloquia familiaria'.

3. De classe doctore vacua (Cordier 3, 3)

Szene des Schulalltags; auch bei uns werden gelegentlich ältere Schüler als Aufsicht (*tutores*) bei den kleineren eingesetzt.
Zu Bezeichnungen für Lehrer und Klassen (*sexta, prima*) ↗ E 5. 5 und 5. 2.

4. Attentio in verba praeceptoris (Cordier 3, 5)

3 **reddemus**: Das Aufsagen („Wiedergeben") des Pensums war die Aufgabe der unteren Stufen; später verfaßte man eigene Texte oder übte sich in der Disputierkunst.

16 **conventum**: zum häufigen Supin ↗ E 11. 1.

5. Absentia a schola (Cordier 4, 39)

4 **Eram domi occupatus**: Die Schüler lebten während der Schulzeit i. allg. nicht zu Hause, sondern eher wie Internatsschüler (↗ E 7.1/2).

7 **remissionem habemus**: Die Schülergespräche erwähnen Markttage, kirchliche Feiertage und bedeutende Begräbnisse (↗ E 7.3).

13 **a mane ad occasum usque solis**: vgl. Plautus (↗ zu 25, 27) Mostellaria 534 *a mani ad noctem usque; usque* ist hier selbständig; die Nachstellung von *usque* begegnet seit Catull, in Prosa ab Tacitus. — **Tametsi**: ↗ E 11.4.

21 **Egone recusarem** (Z. 30 . . . **fallerem**): Dieser vom gängigen antiken Latein abweichende Tempusgebrauch begegnet allgemein bei den Humanisten.

22/23 **tractabimus . . . sermonem litterarium et simul corpus exercebimus**: Zur Übung im Lateinsprechen und zum körperlichen Ausgleich ↗ E 6.1.

25 **Ad fontem Lupinum**: Sinn für Naturschönheit („Wolfsquelle") spricht auch aus zeitgenössischen Bildern (Ausblick auf die Landschaft).

26 **si placet**: Formel der Umgangssprache („wenn's beliebt"): Cic., Komödie.

27 **exspectabis**: höflicher als *exspecta.*

Schluß: Nach Vincentius' baldiger Rückkehr machen sich die Knaben schnell auf den Weg (*longius-cule fons ille hinc abest*); um so besser wird ihnen später das Essen schmecken.

6. Accusatio Latinitatis omissae (Cordier 4, 13)

3 **matutinae precationi** (↗ E 7.2): Die Matutin, ursprünglich das Morgengebet der christlichen Gemeinde, war innerhalb des sog. Stundengebets der Mönche, die sich zum Chorgebet versammelten, das Morgenlob (nach den *Laudes*). Dem Morgenlob kam auch in der evangelischen Kirche in der Reformation besondere Bedeutung zu.

5 **Iveram**: *Ivi* neben gängigem *ii* findet sich ganz selten im klass. Latein (vereinzelt in Ciceros Briefen), gelegentlich bei klass. Dichtern (Vergil, Ovid), aber oft in den Komödien des Plautus († ca. 184 v.), bei den späten Dichtern, im Kirchenlatein und bei Humanisten.

11/12 **Germanice fabulentur** (in Genf!): ↗ zu 10, 7 *Testamentum Germanicum.*

13 **indicat** und (Z. 21) **deferatis**: ↗ 21.

25/26 **si cui verbum aliquod** (*Germanicum*) **inter colloquendum exciderit**: Im allg. wurde streng auf den ausschließlichen Gebrauch der lateinischen Sprache geachtet; die deutsche Muttersprache wurde damals z. T. nur als Hilfsmittel zur leichteren Erlernung des Lateinischen angesehen, so von Johannes Sturm († 1589), der maßgeblich die evangelische Schulreform beeinflußte, von G. Agricola († 1555) und Erasmus. Andererseits forderte Vives auch die intensive Pflege der Muttersprache; aber „wer ein Jahr nach Beginn des (lateinischen) Unterrichts noch sich weigert, lateinisch zu sprechen, der muß nach Maßgabe seines Alters und der Umstände mit Strafen dazu gebracht werden". (Kayser 170 f.; 245.) Cordier befolgte einen vermittelnden Standpunkt; vgl. auch A. Fritsch, in: Auxilia 22, 6 ff.

32 **vapulare**: ↗ zu 20, 17 *virga.*

34 **Meministi audire**: Nach Verben des Sich-Erinnerns steht der Inf. Präs. öfters zur lebhaften Vergegenwärtigung statt des Inf. Perf. (Menge § 429); vgl. auch 28, 25 *audire commemini.*

35 **nitimur in vetitum** (*semper cupimusque negata*): Ovid Amores 3, 4, 17.

7. **Lectio** (Vives 5)

Die Stücke 7—9 des Spaniers Vives (↗ E 9) verwenden i. allg. zahlreicheres Personal (*Pueri* Z. 29) als Mosellanus und Corderius/Cordier, die meist mit zwei Personen pro Dialog auskommen; sie zeigen auch das für Vives typische Interesse an Sachmitteilungen (Wortschatz!).
Von den Namen war damals nur *Lucius* üblich; *Áeschines* war ein bekannter griech. Redner, Gegner des Demosthenes (4. Jh. v.); unter dem Namen *Cotta* werden vor allem drei (miteinander verwandte) römische Konsuln um 75 v. erwähnt; Cotta fungiert hier als eine Art *famulus praeceptoris*. Die Schüler sind schon ältere Knaben, die sich privatim in der Kunst des Lesens unterrichten lassen.

5/6 **Audi . . ., quemadmodum . . . nominabo**: Der Ind. bei indir. Fragen ist bei Plautus (↗ zu 25, 27) noch die Regel, vor allem wenn diese als ziemlich selbständig aufgefaßt werden.

10 (Die Lücke enthält eine kurze Belehrung über Vokale/Konsonanten als Elemente von Silben und Wörtern sowie über die menschliche Sprache.)

12 **edisce, quae praescripsi**: Das *ediscere* zielt auf die korrekte Aussprache der Silben (z. B. *pāret* von *pārēre, paret* von *parāre*) als Voraussetzung für das Lesen und Verfassen von Versen (↗ E 5. 2) und auf erste Gesprächsformeln. Die Schreibübung folgte der Vorlage des Lehrers (*praescripsi*).

15 **ludus**: latein. Wortspiel (nicht übersetzbar). Erasmus witzelte über diese wesensfremde Etymologie und sprach lieber von *phrontistḗrion* (gr.; „Denkerstube“: laus stultitiae 49), wie schon der Humanist R. Agricola († 1485), der *ludi litterarum* durch *sedes curarum* ersetzt. (Kluge, O.: Die neulat. Kunstprosa. In: Glotta 23 [1935], 50.)

18 **scholam** (~ *otium*): Die Beachtung der Etymologie als eines verständniserschließenden Mittels ist für Vives typisch. (Kayser 415)

23 **Bononiae**: Die Stadt Bologna hatte eine sehr alte, vielleicht die älteste Universität von Italien und Europa (wohl 1119 gegründet); ihre Rechtsschule war bereits in der Stauferzeit (12. Jh.) berühmt.

25 **nescio cuius Plinii**: Vgl. die Briefstelle des jüngeren Plinius (2, 3, 9): *altius tamen in animo sedent, quae pronuntiatio, vultus, habitus, gestus etiam dicentis affigit. C.* **Plinius** *Caecilius Secundus* (genannt „Plinius d. J.“; 61/62—ca. 112) war ein gefeierter Redner; 100 n. erreichte er unter Kaiser Trajan († 117 n.) das Konsulat (als *consul suffectus*/„nachgewählter Konsul“ für die Monate Sept./Okt.), wofür er sich beim Kaiser in einer erhaltenen Rede (‚Panegyricus‘) bedankte. Trajan machte ihn auch zum kaiserlichen Statthalter in Bithynien/Kleinasien 110/2. Berühmt ist seine Briefsammlung: kunstvoll ausgefeilte Privatbriefe in 9 B. und der Briefwechsel mit dem Kaiser (B.10). Er war der Neffe des großen Gelehrten *C. Plinius Secundus* († 79 n.), der ihn adoptierte und zum Erben einsetzte. Dieser, der sog. „Plinius d. Ä.“, ein Vertrauter des Kaisers Vespasian († 79 n.), hat neben seinen vielfältigen politischen Aufgaben zahlreiche Bücher verfaßt; seine ‚Historia naturalis‘ („Naturgeschichte“) ist das größte erhaltene Sammelwerk der römischen Antike.

8. Scriptio (Vives 10)

Die Namen *Manricus* und *Mendoza* sind wohl Anspielungen auf berühmte Spanier: Ein Manricus war damals Erzbischof von Sevilla und Großinquisitor, dem Vives die Schrift ‚De pacificatione' 1529 widmete; am Hof der span. Fürstin Mencia da Mendoza verfaßte Vives seine ‚Exercitatio linguae Latinae' (↗ E 9). Die beiden „Knaben" sind junge Adelige (sie haben eigene *paedagogi* [s. u.]; der weggelassene Teil nennt sie *satos sanguine regis*).

3 **ille**: Das bloße Pronomen ist Zeichen des Verstehens unter Freunden.

5 (*In auditorio*) **Antonii Nebrissensis** (1444—1522): Antonio de Lebrija (in S-Spanien) ist der erste Vorkämpfer der aus Italien eindringenden humanistischen Richtung in Spanien, der zuletzt in der berühmten Universität Alcalá bei Madrid wirkte. Sein Schüler Petrus Mot(t)a verfaßte später eine Ausgabe mit Worterklärungen von Vives' ‚Exercitatio linguae Latinae', die Grundlage für den Nachdruck von 1964.

9/10 *M. Fabius* **Quintilianus** (ca. 35—100): Aus Spanien stammend, wirkte er ab 68 n. in Rom als Anwalt und als erster staatlich besoldeter Rhetoriklehrer (u. a. war Plinius d. J. sein Schüler: ↗ zu 7, 25). Im Alter war er Erzieher der Großneffen des Kaisers Domitian († 96) und schuf damals sein Hauptwerk ‚Institutio oratoria' in 12 B., die umfassendste Behandlung der antiken Rhetorik. Besonders berühmt sind davon die pädagogischen Bemerkungen in B. 1, der Katalog der (für den Redner) lesenswerten latein. Autoren (im Vergleich zu den griechischen) in B. 10 und das Bild des vollkommenen Redners in B. 12.

quod de vasis angusti orificii Quintilianus dicit . . .: Sehr genau nach Quint. 1, 2, 28 zitiert, der den Vergleich auch ausdrücklich auf die *animi puerorum* anwendet. Quintilian wird in den Schülergesprächen als stilistische Autorität geschätzt, in der Theorie besonders wegen seiner Cicero-Begeisterung und seiner Empfehlung des Terenz — insgesamt aber weniger als bei den sonstigen Humanisten, vor allem bei Erasmus — und besonders wegen seines Stils, der in vielen Wendungen nachgebildet wird; als pädagogische Autorität gilt ihnen Quintilian mehr als alle anderen Autoren. (Streckenbach 36—38)

19/20 **apud insulas istas a regibus nostris recens inventas**: Gemeint sind wohl die Philippinen, die Magalhães (= Magellan) 1521 entdeckte und für Spanien in Besitz nahm. 1543 erhielten sie nach König Philipp II. (dem Adressaten der Schrift) ihren jetzigen Namen. Noch heute werden dort jährlich einige Tonnen Golderz abgebaut.

apud bedeutet hier wohl „was angeht/hinsichtlich" (nicht antik).

29 **dolium . . . filiarum Danai**: Die Töchter des Dánaos heirateten ihre Vettern (die Söhne des Belos, des Bruders von Danaos); da Danaos von seinem Bruder vertrieben wurde, befahl er seinen Töchtern, ihre Männer in der Hochzeitsnacht zu töten. In der Unterwelt mußten sie später zur Strafe Wasser in ein „Faß ohne Boden" schöpfen — eine Aufgabe ohne Ende, zumal ihre Krüge gesprungen waren.

29 1. Lücke (Übergang zum Thema): Mendoza fragt, warum sich Manricus nichts notiert habe; es ergehe ihm wohl wie dem spanischen Adel, der auch nicht richtig schreiben könne. Sie besuchen schließlich den Lehrer in seinem Hause, wo er Privatschüler (↗ zu 1,8/9) unterrichtet.

40 2. Lücke: Der Lehrer lobt den Vorsitz der „Knaben"; die Schreibkunst verleihe wahren Adel, den der schreibunkundige spanische Adel entbehre.

40 **armati**: Wortspiel, im Dt. mit „bewaffnet" nachzuahmen.

41 **vapularemus**: ↗ zu 20, 14 *virga*.

42 **paedagogis**: Sie begleiteten die Schüler zur Schule, hörten ihnen zu Hause das Pensum ab und machten sich sonst im Hause nützlich. Ihr „Hilfsunterricht" war eine „ständige Einrichtung der Lateinschulen", wo nur „Aufgabe- und Abhörstunden" gehalten wurden. (Paulsen 339)

44 **de armis crudelitatis**: Vives hatte mehrfach zum Frieden gemahnt.

50 **calami et potissimum Nilotici**: In Erasmus' ‚Convivium religiosum' der ‚Colloquia familiaria' erscheint als Gastgeschenk am Ende eine *theca* (Behältnis) *cum calamis Memphiticis* (aus dem ägyptischen Memphis).

51 **Agareni:** Unbekannt; vielleicht sind die *Agenorei* (Nachkommen des Agenor, des Königs von Sidon oder Tyros) gemeint, d. h. die Phöniker, denen die Griechen die Schrift verdanken (oder Araber in Spanien?).

55 **Latini . . . a Graecis habent originem**: Die Latino-Falisker zählen heute als eigenständiger Zweig der indogermanischen Völkerfamilie.

56/57 **olim . . . scribebant in membrana deletili, quae vocabatur palimpsestos**: *membrana* meint die ausgespannte, zum Schreiben präparierte Tierhaut, das Pergament — ein im 2. Jh. v. entwickeltes Verfahren; vordem schrieb man auf mit Wachs überzogene Holztäfelchen (bis ins 15. Jh.!) oder auf Papyrus (bis ins 12. Jh.): Eckstein 47/48. Die neue Beschriftung nach vorherigem Abkratzen (nach griech. *pálin* „wieder" und *psēstós* „gekratzt") war bei Papyrus und Pergament nicht selten, aber nicht der Normalfall; sie erfolgte nur auf einer Seite (*unā tantum facie*). Die Stelle beschränkt den Begriff Palimpsest auf Pergamente, wohl deshalb, weil die gesamte antike Überlieferung auf damals allein üblichen Pergamenten vorlag (die Umschreibung der antiken Bibliotheksbestände erfolgte im 4. Jh. n.).
Die wohl berühmtesten Palimpseste sind die ‚Institutiones' des Juristen Gaius (2. Jh. n.; 1816 von Niebuhr entdeckt) und Ciceros ‚De re publica' (1822 von Angelo Mai publiziert).

59 *Decimus Iunius* **Iuvenalis** (ca. 67—ca. 140): Er ist Roms letzter Satirendichter. Unter den Kaisern Trajan († 117) und Hadrian († 138) veröffentlichte er seine 16 Satiren, in denen er die Sittenverderbnis der stadtrömischen Gesellschaft scharf kritisierte. Wegen dieser für die Erziehung als nützlich angesehenen Kritik galt er im Mittelalter als *ethicus* und wurde im Schulunterricht viel gelesen. Das Zitat ergibt unter Hinzufügung von *Orestes* einen Hexameter (Iuv. 1, 6):

Scriptus et in tergo necdum finitus Orestes.

Damit wird die Vielschreiberei eines Dichters verspottet, der schon den ganzen Rand vollgekritzelt und auch die Rückseite beschrieben, aber seine Tragödie Orestes noch nicht beendet hat. **Orestes** mußte als Sohn des ermordeten Agamemnon die am Mord beteiligte Mutter töten — ein seit Aischylos († 456 v.) vielfach behandelter tragischer Konflikt.

61 **Sed haec alias, nunc ea, quae instant**: Solche Übergangsformeln sind meist elliptisch, h. wohl in Anlehnung an Cic. Tusc. 3, 11 *Sed id alias, nunc, quod instat.*

63 3. (größte) Lücke: Sie enthält Belehrungen über die Herstellung der *penna*, das Umfüllen der Tinte und über verschiedene Papierarten.

67 *(fias)* **sapientior et . . . melior**: Die Schule soll Wissen lehren und den Charakter entwickeln, was besonders Vives betont.

69/72 **Haec effingite . . . emendem**: Die beiden Freunde üben sich an einem ruhigen Ort im Schreiben; da dieses nicht so recht gelingen will (die Tinte ist zu dick), kehren sie mit folgenden Worten zum Lehrer zurück: *Effinximus quinquies aut sexies tuum exemplar in eádem charta* (sie hatten also vom Lehrer eine Schreibvorlage). Der Lehrer gibt ihnen Ratschläge über saubere Buchstabenformen, Worttrennungen und Ligaturen (Zusammenziehen von Buchstaben ↗ *ligare*). Das Thema Tinte, Feder und Papier hat Cordier sehr oft behandelt.

9. Schola (Vives 13)

2 **Tiro** und **Spudaeus**: h. sog. sprechende Namen; *tiro* = Neuling (Rekrut beim Militär), Anfänger – *Spudaeus* (griech.) = einer, der etwas mit Eifer (und u. U. schon länger) betreibt.

3/4 **gymnasium . . . in Academia**: *gymnasium* erscheint als Lernort bzw. als Teil der *Academia* (vgl. auch *auditoria* und Lücke). Die Grenzen sind fließend: *gymnasium* kann soviel bedeuten wie Universität (↗ E 5. 3); dies gilt aber nicht umgekehrt. Akademie – ursprünglich der Name der platonischen Akademie in Athen, also einer speziellen Philosophenschule — wird wohl erst in der Humanistenzeit zum Synonym für Universität.

4 **ullum**: wohl nach spätlat. Gebrauch ~ *quicquam*, da man sonst mehrere *gymnasia* im Universitätsgelände annehmen müßte.

6 **nec** (statt *non*): Fortführung von *haud . . . ullum.*

8/9 **disciplinarum operae pretia**: Der jeweils abhängige Satzteil steht voraus statt *pretia* (Subj.) *operae* (für . . .) *disciplinarum* (beim . . .).

10 **magnis compendiis**: unvollständiger Satz wie oft im Gespräch: d. h. der Preis ist hoch, aber auch die Vorteile (abl. abs.: „wobei . . .").

11/12 **Quanti docent?** ↗ zu 1, 22. — **Amove te hinc**: „Pack dich! (Komödie)/schweig!"

14/15 **Nec ipsi, qui docent, paciscuntur**: Die Lehrer unterrichten nicht *gratis*; die Väter zahlen stillschweigend, und die Schüler sollen darüber nicht reden.

17 **illud Aristotelicum**: Das Zitat des griech. Philosophen Aristoteles († 322) ist derzeit noch nicht auffindbar. Eine teilweise Ähnlichkeit zeigt ein bei Diogenes Laërtios (der gegen Ende des 3. Jh. n. eine griech. Philosophiegeschichte in 10 B. schrieb) überlieferter Ausspruch (5, 19), nach dem Aristoteles die Lehrer über die Eltern stellte, denn letztere gäben uns das Leben, erstere das gute (rechte) Leben. Im Gedanken nahe kommt auch Quintilian

2, 9, 1 *moneo, ut (discipuli) praeceptores suos . . . ament et parentes esse non quidem corporum, sed mentium credant.* In den Schülergesprächen entpuppen sich nicht selten Zitate als willkürlich oder als absichtlich entstellt; (Streckenbach 6) ↗ zu 11, 37/39.

23/33 **artis grammaticae . . . rhetoricem, dialecticem** (die rein lat. Endungen wären *-am*, die rein griech. *-ēn*): Die drei genannten (sprachlichen) Disziplinen bilden das sog. *Tri-vium* (Dreiweg); zusammen mit den vier (mathematischen) Fächern Arithmetik (*arithmetica*), Geometrie (*-ia*), Musik (*-ca*) — wegen der mathematisch berechenbaren Intervalle — und Astronomie (*-ia*), dem sog. *Quadri-vium* (Vierweg), bilden sie den seit der Antike üblichen Kanon der *septem artes liberales/ingenuae.* Sie wurden an den sog. Artistenfakultäten der Universitäten (↗ E 4. 2/3) gelehrt, aber (zum mindesten teilweise) auch an den humanistischen Gelehrtenschulen (↗ E 5. 2). Die auf Körperkraft beruhenden oder dem Gewinnstreben dienenden „Künste" (Z., 30/31) galten seit der Antike als im Rang tiefer stehend; auch die Beurteilung der *servi* als *qui ingenio parum valent* (Z. 32/33) ist antik, besonders aristotelisch.

23/25 **alii prima elementa artis grammaticae laboriose . . . alii penitiora tradunt artis**: Beim mühseligen Einpauken der Elementargrammatik ist besonders an das Konjugieren und Deklinieren zu denken — ein Thema, das im ersten Buch von Cordiers Schülergesprächen oft behandelt und in Schulordnungen mit Nachdruck betont wird. Die Aufgaben der höheren Grammatik waren vor allem *emendatio* (die Erstellung der Textgrundlage mit der Beurteilung der Echtheit der Schriften), *lectio* (der Vortrag), *enarratio* (die sachliche Erklärung der Schriften, vor allem der Dichter) und *iudicium* (die ästhetische Beurteilung der Schriften), vgl. Quint. 1, 4, 2/3. (Eckstein 10)

33 Lücke: Erläuterung der akademischen Grade: *tiro, baccalaureus* (bzw. *batallarius* [vgl. *batalla*, davon franz. bataille „Schlacht"] „der schon in einer Schlacht mitgekämpft hat"), *doctores/licentiati, rector* und Treiben der Studenten, die gerade zwischen den Stunden mit viel Getöse üben.

35 **Non eosdem omnes**: Vives verfaßte mehrfach Kataloge von lesenswerten (nicht nur antiken) Autoren (in ‚De disciplinis', ‚De institutione feminae Christianae', ‚De ratione studii puerilis'); in der Antike hatte dies vor allem Quintilian (10, 1) gemacht (↗ zu 8, 10).

36/37 **eruditissimos et acerrimo iudicio scriptores**: Zwei verschiedenartige Attribute (h. Adj.; abl. qual.: mache daraus ein dt. Adj.) zu einem Substantiv begegnen schon im klass. Latein, z. B. Caesar bell. Gall. 2, 15, 5 *Nervios esse homines feros magnaeque virtutis.*

37/39 **classicos . . . proletarios** (*scriptores*): Bei Gellius (der im 2. Jh. n. die Ergebnisse seines Studienaufenthaltes in Athen und seiner fleißigen Lektüre in den langen Winternächten in den 20 B. seiner ‚Noctes Atticae' niederschrieb) 19, 8, 15 werden der *classicus auctor* (umschrieben mit *orator, poeta* bzw. *assiduus* — d. h. von Rang, mustergültig) und der *proletarius* (s. u.) unterschieden. 1519 nennt Melanchthon den Plutarch einen *auctorem classicum*; im prägnanten Sinn spricht man von „klassischen Autoren" seit dem 18. Jh. (vgl. AU 3/91, 48).

38/39 **Sunt, qui . . .**: auch bei Cicero zur Betonung der Tatsache mit Indikativ.

39/40 **proletarios — capite censos**: Der *proletarius* besaß nach Gellius 16, 10 ca. 1500 As, der *capite census* weniger oder nichts. Beide erhielten nur *in tumultu maximo* Waffen vom Staat. Die *capite censi* wurden erst seit Marius zum Kriegsdienst herangezogen, die *proletarii* öfters in Notzeiten.

42/43 **bibliotheca . . . ex magnorum virorum praecepto ad ortum aestívum spectat**: vgl. Vitruv 6, 4, 1 *Cubicula et bibliothecae ad orientem spectare debent*; *usus* (ihre Benützung) *enim matutinum postulat lumen* (sonst gibt es Bücherwurm und Moder). Von Vitruvs Lehrbuch ‚De architectura' (in 10 B.; dem Augustus gewidmet) gibt es seit 1486 mehrere Ausgaben.

49 **catenulis**: Die Bücher waren zum Schutz gegen Diebstahl mit Kett(ch)en an den Lesepulten (*plutei*) befestigt.

50 **membranacei . . . miniati**: Die Bücher bestanden aus zusammengebundenen Pergamentlagen; die Buchmalerei betraf meist vor allem wichtige Kapitelanfänge und Initialen.

51/53 **naso repando**: Sokrates wurde schon von Zeitgenossen wegen seiner platten und „zurückgebogenen" Nase verspottet (Platon Theätet 209c).

55 **Plato et Xenophon**: Beide waren Schüler des Philosophen Sokrates, den seine athenischen Mitbürger 399 v. zum Tode verurteilten, und sind unsere besten Quellen über Sokrates. Ihn machte *Platon* († 347 v.) in seinen Dialogen i. allg. zur Zentralfigur und zum Verkünder der eigenen Philosophie. *Xenophon* († ca. 350 v.) verfaßte u. a. literarisch nicht so kunstvolle, aber dem historischen Sokrates näherkommende Dialoge, mit denen er die Anklage gegen den Lehrer — Verführung der Jugend und Einführung neuer Götter — widerlegte, die sog. Memorabilien in 4 Büchern.

56 Nach der Betrachtung der wertvollen Bücher entdeckt Tiro einen achtlos hingeworfenen Haufen von Büchern; Spudaeus meint, jeder dürfe sie sich mitnehmen, ja man brauche viele Esel zum Abtransport. Dabei handelt es sich um kirchliche, grammatikalische und juristische Bücher des Mittelalters, auf welche die Humanisten voll Verachtung herabblickten. Darauf folgt eine ebenfalls weggelassene Disputation.

10. Bibliotheca et librorum usus (Cordier 1, 34)

Die Schüler mußten ihre Bücher (↗ 11) selbst kaufen (↗ E 7.3).

5 **Rudimenta Grammaticae**: Häufiger Titel für Lernbücher der Grammatik, am bekanntesten wohl das von Niccolò Perotti (1468), das auch noch Erasmus lobt; es umfaßte auch eine Anleitung zur Beredsamkeit (Voigt II 137). Cordier selbst schrieb ‚Rudimenta Grammaticae de partium orationis declinatu', aus denen er auch sieben Gespräche am Ende von Buch I seiner Schülergespräche abdrucken ließ. (Bömer 210)

Colloquia scholastica: Die Sammlung des Cordier selbst trägt diesen Titel (Selbstzitat!), der Ausdruck ‚Colloquia' begegnet öfters.

6 **Terentium**: Neben dem älteren Plautus († ca. 184) ist Terenz (ca. 195—ca. 159) der wichtigste römische Komödiendichter, von dem sechs Stücke vollständig erhalten sind. Sein Latein steht dem des Cicero viel näher als das

altertümlichere des Plautus. Seine Komödien sind eher „Sprechtheater" als die „Singspiele" des Plautus, obwohl Musikbegleitung für beide wichtig ist. Als Vertreter der lateinischen Umgangssprache wurde er von den Humanisten mehr als Plautus geschätzt.

6/7 **Epistulas Ciceronis**: Von dem Redner, Politiker und Schriftsteller Cicero († 43 v.) sind ca. 880 Briefe (davon ca. 120 an Cicero gerichtet) in 4 Sammlungen überliefert; die beiden größten sind die ‚Ad Atticum' (ca. 400 Briefe) und die ‚Ad familiares' (ca. 430 Briefe). Seit ihrer Wiederentdeckung durch Petrarca und Salutati (1345 bzw. 1389) wurden sie viel gelesen und imitiert; die Beifügung einer deutschen Übersetzung bedeutet Beliebtheit und Wichtigkeit.

7 **Catonem**: M. Porcius Cato (der Zensor des Jahres 184 v., der später unerbittlich zur Zerstörung Karthagos drängte; † 149) hatte u. a. ‚Praecepta ad filium', ‚Carmen de moribus' und ‚Dicta' verfaßt (alle verloren). Die hier gemeinte Sammlung zeigt eine gewisse inhaltliche Nähe zu diesen überlieferten Werktiteln, umfaßt aber Hexameterpaare mit pädagogisch-moralischem Inhalt aus dem 3. Jh. n.; sie ist nur nach ihm benannt; seit Erasmus' Ausgabe ^{2}1517 ist der Titel ‚Disticha Catonis' (statt früher ‚Dicta Catonis') üblich. Das Werk war im Mittelalter und in der Humanistenzeit ein beliebtes Schulbuch.

Dictionarium: Es gab damals gedruckte (meist sachlich geordnete) Vokabularien und Nomenklatoren (h. Namenswörterbücher): Bömer 3.

7/8 **Testamentum Germanicum**: Eine besondere Sprachleistung war die 1534 fertiggestellte Luther-Bibel (die vielleicht gemeint ist). Wegen der Einigung der zwinglianischen (deutschen) Ostschweiz mit der calvinischen (französischen) Westschweiz (*consensus Tigurinus* 1549) mußte man in Genf, wo Calvin und Cordier i. J. 1564 (dem Erscheinungsjahr unserer ‚Colloquia') starben, mit deutschen Schülern rechnen.

8 **Psalmos cum Catechismo**: Auch in dem strengen calvinischen Kultus wurde der Psalmengesang gepflegt; einen Katechismus schrieb Calvin während seines ersten Genfer Aufenthalts (1536/8).

9 **ad scribendum dictata praeceptoris** (vorklass. Gerundium statt klass. Gerundivkonstruktion): Dadurch wurden Schrift und Gedächtnis geübt.

15/16 **in lingua Latina et honestis moribus**: Das entspricht den humanistischen Unterrichtszielen von Sprachbeherrschung und Charakterbildung.

19/20 Bei geringfügiger Änderung entsteht ein (nicht belegbarer) Hexameter: *Dịsc(e) igitụr; praestạt serọ quam dịscere nụmquam;* vgl. auch Livius 4, 2, 11 *potius sero quam numquam.*

11. De auctoribus praelegendis (Mosellanus 9)

3 **Quid est, quod**: *quod* leitet hier keinen konjunktivischen Relativsatz mit negativem Sinn ein (*Quid est, quod timeas?* ~ *Nihil tibi timendum est.*), sondern ist faktisch: „Was bedeutet die Tatsache, daß . . .?"

10 **rudimenta**: Das zielt auf den Grammatikunterricht (↗ zu 10, 5).

10/11 **ex Fabii** (*Quintiliani*) **praescripto**: Er sagt 1, 12, 6 nur: *Cum Latinis studebimus litteris, non respiciamus ad Graecos*? (zur Abwechslung!)

12 **exponendas**: Ersetzung seltener Wörter durch geläufige (↗ E 6.3).

13/14 **Romani sermonis nativam et genuinam proprietatem**: *proprietas* meint in der antiken Stiltheorie den sachgemäßen Ausdruck (Quint. 8, 2, 1/6), bei Mosellanus dagegen das „spezifisch Römische" (Streckenbach 63).
Terenz (↗ zu 10, 6) eignet sich freilich für uns zum Studium der gepflegten Umgangssprache neben Ciceros Briefen am besten.

14/16 **nec . . . puduerit ad huius exemplum orationes suas formare**: Cic. hat Terenz gern gelesen und zitiert, aber nicht seine Reden nach ihm formuliert; er findet bei ihm aber *elegantiam sermonis* (Att. 7, 3, 10).
M. Tullium (*Ciceronem*), **oratorem principem . . . ad huius exemplum**: Das entspricht genau Quintilians Urteil über Cicero (10, 1, 112): *Hunc* (*Ciceronem*) *igitur spectemus, hoc propositum nobis sit exemplum, ille se profecisse sciat, cui Cicero valde placebit* (vgl. die in Z. 36 *Ciceronianā eloquentīa non contenti* liegende Hochschätzung).

18/19 **Plinii iudicio . . . ediscendus**: Der ältere Plinius (↗ zu 7, 25) 1, praefatio 22; Ciceros Werk ‚De officiis' ist in Ambrosius' Fassung ‚De officiis ministrorum' für viele Jahrhunderte das wesentliche Lehrbuch christlicher Moral geworden (Zielinski, Th.: Cicero im Wandel der Jahrhunderte. Leipzig ^{4}1929, ND Darmstadt 1973, 116). Die Heranziehung dieses Werks durch die Humanisten — gerade für die Jugenderziehung — beginnt mit Petrarca (Zitat bei Zielinski 175).

20 **aliquot Vergiliani poematis libri**: Aus den Werken des Vergil († 19 v.) — Bucolica/Hirtendichtung, Georgica/Lehrgedicht vom Landbau, Aeneis/Epos — zitiert Augustinus häufig, besonders aus der Aeneis.

21 **Augustinus** (354—430): Einer der vier großen latein. Kirchenväter, Bischof von Hippo Regius/Nordafrika. Er war ein großer Kenner der „heidnischen" Schriften, da er in seiner Jugend Rhetorikprofessor in Rom und Mailand war, wo ihn Ambrosius 387 für das Christentum gewann. Seinen „Gottesstaat" schrieb er nach Roms Plünderung durch die Westgoten (410 n.), um das Christentum vor den Angriffen der noch mächtigen Verteidiger der alten heidnischen Tradition zu verteidigen.
Augustini iudicio optimus poeta . . .: Civitas Dei 1, 3 *Nempe apud Vergilium, quem propterea parvuli legunt, ut videlicet poeta magnus omniumque praeclarissimus atque optimus téneris e-bíbitus animis non facile oblivione possit abolḗri* (in Vergessenheit geraten).

23 **quando**: temporal und kausal (∼ *quandoquidem*) seit der Komödie üblich, z. T. klass. (nicht bei Caesar) und oft nachklass.; es verdrängt zusammen mit *quomodo* im Romanischen die Konjunktion *cum* gänzlich (ital. quando, fr. quand).

23/24 **gentīlis**: klass. „aus dem demselben Geschlecht" bzw. (Tacitus) „vaterländisch/heimatlich"; erst seit Hieronymus/den Kirchenvätern „Heide".

25/26 **Aurelius Prudentius** († nach 405): Die Hymnen (*gravissimi* sehr feierlich/würdig) und Lehrgedichte des „christlichen Vergil" wurden im Mittelalter viel gelesen/kommentiert. Gemeint sind hier wohl seine zwei Hymnen zu Weihnachten und Epiphanie aus dem ‚Cathemerinon' (Hymnen zu einzelnen Tageszeiten/Tagen); davon schuf Mosellanus 1522 eine Ausgabe.

27/28 **‚En-chir-idion** (neutr.; „kleines" [Büchlein] in der Hand" bzw. „Dolch") **militis Christiani' ab Erasmo . . . elaboratum**: Das ziemlich frühe Werk (1502 veröffentlicht) verlangt vom Christen, der auch nach Paulus (2 Tim 2, 3) ein *bonus miles Christi Iesu* sein soll, wahre Frömmigkeit, gepaart mit Einsicht (*precatio et scientia*) und enthält deutliche Kritik an der üblichen religiösen Praxis; Erasmus, der größte deutsche Humanist († 1536; vgl. auch E 2), wird mit seinem reformerischen Ansatz zu einem der Vorläufer der Reformation. Der Titel *Ench(e)iridion* begegnet schon bei dem Griechen Epiktet († ca. 135 n.) als „Handbüchlein" für die Stoiker.

35 **in . . . auctoribus ceteris**: Mosellanus nennt hier die beiden Afrikaner *Apuleius* (2. Jh. n., aus Madaura/Numidien) und (*Martianus*) *Capella* (5. Jh. n., aus Karthago). Apuleius, der in seinem Hauptwerk, dem Roman ‚Metamorphosen', die Erlebnisse eines in einen Esel verwandelten und schließlich erlösten Jünglings erzählt, lehnten die Humanisten wegen seines „afrikanischen Lateins" (Michel XXV) ab.

Capellas Werk ‚De nuptiis Philologiae et Mercurii', in dem er die *septem artes liberales* (↗ zu 9, 23—26) vorführte, vermittelte dem Mittelalter die antiken Wissenschaften und findet noch zu Beginn des 16. Jh. manchen von den humanistisch Gesinnten als Verteidiger. (Michel XXV)

37/39 **quasi non summum sit orationis vitium a communi dicendi consuetudine abhorrere**: Während bei Cicero de oratore 1, 12 der Redner auf Gemeinverständlichkeit und Umgangssprache achten soll (*consuetudo communis sensūs — non a vulgari genere orationis abhorrere*), wird in den Schülergesprächen „der Sprachgebrauch Ciceros und der übrigen großen Vorbilder zur *consuetudo* schlechthin", u. zw. „durch falsche Interpretation eines ohne Namen wiedergegebenen Zitats" (Streckenbach 65).

39/40 **auctores enarrant**: Mosellanus formuliert „Autoren wie Catull, Tibull und Martial", die er Z. 42 mit *illi poetae* zusammenfaßt. Über ihre Eignung für die Schule waren die Humanisten geteilter Meinung. *Catull* († ca. 54 v.) behandelte in seinen 116 Gedichten u. a. seine Liebe zu Lesbia in verschiedenen Versmaßen. *Tibull* († 19 v.) träumt in zwei Gedichtbüchern von Liebe und Landleben (in elegischen Distichen), während ihm die Realität Entsagung und Kriegsdienst brachte. *Martial* († ca. 103 n.), der berühmteste Epigrammatiker, kritisierte in oft zugespitzten Gedichten (15 B.) in Distichen und anderen Versmaßen die Zustände seiner Zeit.

Der in Straßburg wirkende Schulmann Johannes Sturm († 1589) ließ wenigstens die *carmina pudica* des Catull und Tibull in der Schule lesen; Melanchthon (↗ E 5.1) war im Gegensatz zu Luther nicht prinzipiell gegen sie. (Michel XXV)

41/42 **non verbis, sed verberibus coercendi**: beliebtes Wortspiel (*adnominatio*), z. B. Cic. Tusc. 3, 64 *pueros . . . castigare etiam solent, nec verbis solum, sed etiam verberibus . . . plorare cogunt.* ↗ auch zu 20, 17 *virga.*

42/43 **poetae, quos solos e re publica sua pellendos statuit Plato**: Das Bild, das die

Dichter in den Mythen von den Göttern zeichnen, widerspricht ihrer Würde und damit der Auffassung des griechischen Philosophen Platon († 347 v.) von richtiger Erziehung als der Voraussetzung für die richtige Staatsform (Politeia B. 10).

51/52 **aureus nummus** bzw. **argentei viginti quattuor**: d. h. 1 Taler (golden; neben dem Gulden stark verbreitet) = 24 (bzw. 21) Groschen (*denarius grossus* „dicker Pfennig"; silbern).

12. De innocentia tuta (Cordier 2, 5)

6 **de verbis anomalis**: Darüber hatte Cordier sieben Gespräche aus seinen ‚Rudimenta Grammaticae' an die ‚Colloquia scholastica' B. 1 angefügt.

8 **Maius opus moveo**: Vergil Aeneis 7, 45; auf diese feierliche (epische) Ankündigung (bei Vergil im Musenanruf beim Kampfbeginn) folgt ein eher spielerischer Schlußsatz (Z. 11), der einen Pentameter bildet:
Retibus est illic / praeda parata meis.

8/9 **tendere laqueos**: wohl nach *tendere insidias* („legen"; Cicero) gebildet; *laqueus* steht wie *pica/graculus* in übertragener Bedeutung.

13. Observatoris aequitas (Cordier 2, 6)

3 **non** (*fatemini*?): *Non* bei Satzfragen, auf die man „ja" erwartet, begegnet bei Plautus (↗ zu 25, 27) und Cicero; *nonne* ist freilich deutlicher. Fragendes *non* ist also kein Beleg für nichtklassisches Latein.

14/15 **reddenda**: ↗ zu 4, 3. — **praescripserint**: ↗ zu 7, 12.

16 **debuissemus**: Klassisch stünde eher *debuimus* als Realis (wie 14, 7).

20/21 **vos amabit magis quam oculos suos**: vgl. Terenz Adelphoe 701 *mage* (~ *magis*) *te quam oculos nunc ego amo meos.*

14. Veniae neglegens accusatur (Cordier 3, 13)

5/9 **iveras**: ↗ zu 6, 5. — **merenda** („verdiente Portion"; auch ital.): ~ *antecenium* (Vives). — **plagas**: ↗ zu 20, 17 *virga.*

16 **Sine, ut prius cogitem aliquantisper**: wohl formuliert nach Terenz Andria 622 *Sed sine paullulum ad me redeam* (erg. um zu überlegen); bei Terenz findet sich *sinere* mit *ut* nur dreimal, mit bloßem Konjunktiv oft; das bei gängigen Autoren fast nicht belegte Wort *aliquantisper* entnahm Cordier wohl auch dem Terenz, der es zweimal verwendet.

15. Horae percontatio (Cordier 1, 66)

3 **horologium** (das Wort begegnet auch in einem Cicero-Brief): Über antike (Wasser- und Sonnen-)Uhren informiert Vitruvs Lehrbuch ‚De architectura' (9, 8) aus frühaugusteischer Zeit, das von Renaissance-Architekten öfters benützt wird (↗ zu 9, 43). 1564, im Erscheinungsjahr der ‚Colloquia' des Cordier, gab es i. allg. Turmuhren, u. zw. mit Gewichtsantrieb.

5 **Quota** (*hora*) **est?**: „Wieviel Uhr [‚Uhr' ist etymologisch mit *hora* verwandt] ist es?" — vgl. (frz.) Quelle (↗ *qualis*) heure est-il?
sesqui-prima: Bei den Römern begann die erste Stunde mit Sonnenaufgang (also nach den Jahreszeiten verschieden); hier wird wie bei uns der Tag ab Mitternacht mit zweimal 12 Stunden berechnet.
11 **bolus**: Das Wort ist vor allem in der Komödie belegt.

16. Studendi a cena modus (Cordier 1, 68)

4/5 **cenavi . . . quintā** (*horā*: am Nachmittag): Die Hauptmahlzeit (*cena*) lag wie bei den Römern (und den Griechen) am späten Nachmittag (↗ zu 15, 5).
6 **reddere habemus** (~ *nobis reddenda sunt*): Sprachgebrauch der Kirchenväter (z. B. des Laktanz).
8/9 **paedagogus**: ↗ zu 8, 42. — **studere** (ohne Objekt): nachaugusteisch.
12 **animi causa**: formelhaft ab Plautus (↗ zu 25, 27), auch bei Cicero.
particulatim: selten und unklassisch.
14 **sine cura, sine taedio, sine molestia**: Trikolon (mit Anapher), vielleicht nach Terenz Eunuchus 928 f. *sine molestia / sine sumptu et* (im dritten Glied ↗ zu 2, 17) *sine dispendio* (Verlust) formuliert.
16/17 (*videris mihi . . .*) **sápere**: „Verstand/gesundes Urteil haben"; in diesem unphilosophischen Sinn sehr oft bei Terenz, vgl. Adelphoe 850 *nunc mihi videre* (~ *videris*) *sapere.*
17 **quoniam**: h. mehr zur Anfügung eines Hauptsatzes („denn"), wie vor allem bei den Kirchenvätern. Eine explizite Trennung von Haupt- und Nebensatz kennt die Grammatik bis ins 18. Jh. nicht (↗ E 11.4).
20 **Ducat te Deus et re(*d*)ducat**: wohl nach Terenz Phormio 86 *in ludum ducere et redducere.*

17. Veniae recusatio (Cordier 3, 18)

2 **Caius**: Ältere Form für *Gaius*; *G/g* gibt es erst seit dem 3. Jh. v.
6 **cuius rei gratiā** (= *causā*): statt klassisch *quam ob causam/rem.*
8 **pediculi**: Zu Läusen und Ungeziefer ↗ zu 29, 14/16.
10 **uxorem meam**: Das gilt für die „Heimschüler" des Lehrers (↗ zu 1, 9 *contubernalium*); die Schüler wohnten oft auch dann, wenn das Elternhaus am selben Ort war, im Haus des Lehrers.
11 **Non ausi sumus** (analog 18, 7): *non* steht bei zusammengesetzten Formen häufiger vor dem Hilfszeitwort, seltener vor dem eigentlichen Verbum (gelegentlich auch bei Cicero: K-St I 819).
13 **eā gratiā**: besonders altlateinisch (K-St I 65), aber auch bei Vives.
13/14 **vestram omnium . . . munditiem**: Das Possessivpronomen (*vestram . . .*) neben *omnium* setzt auch Cicero; üblicher wäre *vestrum omnium* (K-St I 246).

18. Aegrotantis domum deductio (Cordier 3, 41)

9 **domum usque**: wie *Miletum usque* (Terenz); während Cicero *usque* eher voranstellt, wird im Spätlatein die Nachstellung von *usque* zur Regel.

19. Morbus, remedium, venia eundi (Cordier 2, 51)

8 **Non certe**: als Antwort statt *minime vero, nihil minus, non ita.*
27 **si sapis**: ↗ zu 16, 17.
Schluß: Ludovicus holt sich die Erlaubnis, wobei ihn Servatius berät.

20. Correctio pueris necessaria (Cordier 4, 17)

9 **Amore vero** (Adj.) **me prosequitur**: *prosequi* . . . „jd begleiten mit etw. 〉 einem etw. erweisen" oft bei Cicero und später.
12 **Ea est fortasse causa**: ironisch.
17 **virga** (ähnlich 23, 6 *ferula*): Die „körperliche Züchtigung" ist heute als Erziehungsmittel verpönt und auch verboten, obwohl eine völlig freiheitliche Erziehung als unmöglich erscheint; die Strafe mit der „Rute" war in der 1. Hälfte des 20. Jh. noch häufig. In der Antike war sie i. allg. verbreitet: Die Stoiker (↗ zu 2, 21 *virtus*) suchten dabei aber den Zorn auszuschalten, während sie von der grundsätzlichen Notwendigkeit einer auch körperlichen Strafe überzeugt waren, so Seneca, de ira 1, 15, 1: *Corrigendus est, qui peccat, et admonitione et vi, et molliter et aspere, meliorque tam sibi quam aliis* (*tam . . . quam* ~ *et . . . et*) *faciendus, non sine castigatione* („Züchtigung"), *sed sine ira.* Ein erklärter Gegner der Prügelstrafe waren (nur?) der Grieche Plutarch († ca. 120 n.) und Quintilian (↗ zu 8, 10): *Caedi vero discentīs . . . minime velim* („ich möchte"); er weiß sich dabei allerdings im Gegensatz zur allgemeinen Praxis, etwa auch der Stoiker (1, 3, 14). Im Mittelalter war die körperliche Strafe üblich, dabei aber nicht nur ein brutaler Brauch: Das Einholen der Birken-, Hasel- und Weidenruten („*virgatum* [Supin] gehen") wurde als Festtag der Schule in fröhlicher Ausgelassenheit begangen bzw. *virgi-demia* („Rutenlese") in Anlehnung an das übliche *vin-demia* („Weinlese") genannt (Paulsen 25). Die Humanisten brachten einige Humanisierung, schlossen sich aber hier dem von ihnen sonst so hoch geschätzten Quintilian (↗ zu 8, 10) nicht an.
21 **Quod merito** . . .: Hexameter der Disticha Catonis (↗ zu 10, 7) 3, 17.
Schluß: Das Ertragen ungerechter Strafen in christlicher Demut, wozu der Lehrer manche Mitschüler der Dialogpartner umsonst auffordert.

21. De quaestionibus commissorum (Mosellanus 16)

3 **dies**: Aus Überschriften früher Ausgaben ergibt sich der Freitag.
4 (*diem*) **nefastum**: schon Horaz (c. 2, 13, 1). — **exsecrandus:** erst spät.
5/6 **tot Romanorum milia**: Nach dem griechischen Historiker Polybios († kurz nach 120 v.) 3, 117, 4 waren es ca. 70 000 Gefallene.
ab Hannibale: Der Karthager Hannibal († ca. 183 v.) zählt seit der Antike als der Erzfeind der Römer, als hinterlistig und treulos.
trucidata: Das Wort entspricht dem Empfinden der geschlagenen Römer.
14/15 **per . . . septimanae cursum**: antik ist *cursus vitae/temporum*; aus spätlat. *septimana* (↗ *septimus*) wird ital. settimana, frz. semaine.

19 **omnia expiscari**: Cic. fam. 9, 19, 1; das selten belegte Verbum gehört wohl der Umgangssprache an (auch Cicero-Rede und Terenz Phormio 382).

23 **provinciam** „Aufgabenbereich“: so in Cicero-Reden und in der Komödie.

27 **Corycaeis** (nicht *Corcyraeis*: von *Corcýra*!): heimliche Aufpasser unter den Schülern, von den sprichwörtlich gewordenen Seeräubern entlehnt, die von einem Berge Pamphyliens/S-Kleinasien namens Kŏrykos aus ankommende Handelsschiffe ausspähten, sich unter die Händler mischten und alles für ihre Überfälle Wichtige ausspionierten (von Erasmus in seiner Sprichwörtersammlung ‚Adagia‘ – die ab 1500 in mehreren immer umfangreicheren Ausgaben erschien — erläutert.

27 **lupus sit in fabula**: lat. Sprichwort, vgl. Terenz Adelphoe 537; im Dt. sagen wir „Der Wolf kommt, wenn man von ihm redet“. Der *lupus* gab im Auftrag des *ludi magister* Schülern, die Deutsch redeten, einen Minuspunkt; für jeden Punkt bekamen diese dann alle ein bis zwei Wochen am Straftag einen Schlag; ältere Schüler konnten einen von drei Punkten für einen Heller tilgen: Memminger Schulordnung von 1513 (vgl. Bömer 13; Herrle 19 f.).

22. De surrectione matutina (Mosellanus 14)

3/4 **dilucularis sacrificii**: ↗ zu 6, 3 *matutinae precationi*. Die Frühmesse war am Anfang der Reformation (1518!) noch allgemein verbreitet.
Im 16. Jh. war „auch der Schuldienst selbst Kirchendienst“ (Paulsen 336), weswegen Singen ein wichtiges Stück des Schulunterrichts war. Neben dem vormittäglichen Gottesdienst (z. T. erst um 9 Uhr) war man noch um 4 Uhr nachmittags zur Vesper in der Kirche.

9 **Horatianos illos iuvenes**: *Q. Horatius Flaccus* (65—8 v.; d. h. zur Zeit des Augustus) war der größte römische Lyriker; er schrieb u. a. 4 B. *carmina*/ Oden in verschiedenen Versmaßen; in Hexametern verfaßte er 2 B. Satiren, in denen er ohne bittere Schärfe „lächelnd die Wahrheit sagte“ und so die Menschen zu einer vernünftigen Lebensführung bringen wollte, und seine 2 B. Episteln über die rechte Art zu leben und zu dichten.
Epistulae 1, 2, 30 schildert er nach der Odyssee (8, 248 f.) das behagliche Leben der jungen Phäaken (*iuventus*),

cui pulchrum fuit in medios dormire dies (*et*).

Diese Stelle regte auch Schiller zur Nachdichtung („Über die Phäaken“) an.

11/12 **plagas**: ↗ zu 20, 17. — **lucri-faciat** (Zusammenrückung; *lucri* ist gen. pretii): *lucrifacere* begegnet ab Plautus, auch bei Cicero. — **quando**: ↗ zu 11, 23.

23. Occasio e schola emanendi (Mosellanus 11)

3/6 **ultra praescriptum dormivimus . . . septimae horae signum**: Man stand je nach Jahreszeit um 6 bzw. 7 Uhr auf (↗ E 7.2). — **ferula**: ↗ zu 20, 17.

18 **funus magnificum**: Daß Schüler daran teilnahmen, war damals Sitte.

18/19 (*defuncti*) **mānibus** (meist m. // *mănibus* f. ↗ *manus, -ūs*): *mānēs, -ium* ist meist ein Pluralwort, meint aber bereits in der Antike inhaltlich mehrfach „die abgeschiedene Seele einer Person“, der man am Grab — nicht nur am

Tag der Bestattung — ein Opfer darbringt, vgl. auch die geläufige Formel auf antiken Gräbern *D. M.* = *Dis Manibus*. Trotz der heidnisch-antiken Formulierung (*defuncti manibus parentare*) meint Mosellanus „ein (christliches) Gebet für den Toten sprechen/für seine Seele beten".

24. De frigoris iniuria (Mosellanus 20)

3 **per opes iam licet**: Bedeutung und Bezug von *iam* sind schwierig: Können sich die Schüler in der kalten Übergangszeit noch keine Heizung leisten (*iam* zeitlich, zu *licet*) oder können sich die Begüterten (*felices*) „schon wegen ihres Reichtums" wärmen? (*iam* übertragen [nicht antik]; zu *per opes*)

8 **illud Flacci**: Horaz (↗ zu 22, 9) schildert Ars Poetica 412/4 den für hohe Ziele nötigen Einsatz; diesen muß nicht nur der Schüler/Student erbringen, sondern auch ein Wettläufer oder Dichter, die freilich oft keinen Erfolg haben (*exitus illorum*: Z. 12).

11 **Venere et Baccho**: Diese beiden Gottheiten der ausgelassenen Festesfreude (mit Liebesgenuß und Wein) stehen im Gegensatz zum angestrengten Üben. Horaz selbst schrieb *venere et vino* (mit Alliteration!).

Pythia (*-orum*): Ein in Delphi alle vier Jahre zu Ehren des pythischen Apoll gefeiertes Fest mit gymnastischen und musischen Wettkämpfen — letztere z. B. in Dichtung mit Musikbegleitung; dazu diente der griech. *aulós* (latein. *tibia* — im Horaztext folgt auf *cantat / tibi-cen*: ↗*canere*), keine Flöte, sondern unserer Oboe vergleichbar. *Pythia cantare* ist sog. innerer Akkusativ wie *vitam iucundam vivere.*

Der Text erscheint genau nach Mosellanus (ohne Lücke); der nach *Baccho* folgende Halbvers, von Mosellanus mit Komma angefügt, wird heute allgemein zum folgenden Vers gezogen.

25. De domicilio et de paupertate (Mosellanus 7)

4 **incertis sedibus**: Statt Singular, wohl nach Sallust Catilina 6, 1.

5/10 **habitaculum . . . angulus in ludo locaretur**: Über die Unterbringung der Schüler in der Stadt (↗ Z. 7 *civis*) bzw. in der Schule selbst ↗ E 7.1.

11 **ostiatim emendicari**: Schon in den Stadtschulen des ausgehenden Mittelalters finden sich neben den Bürgerkindern die Armenschüler (*pauperes mendicantes*); sie leben als „fahrende Leute" oder in einem Haus nahe der Schule, das etwa einer Stiftung seinen Ursprung verdankt. Die Kirche belohnt ihre kleinen Dienste, wenn sie als Ministranten bei Versehgängen oder Leichenbegängnissen (↗ 23) mitziehen oder in der Kirche singen. Auch Luther war in Magdeburg und Eisenach ein solcher Armenschüler und nannte sich „Partekenhengst"; denn diese Armenschüler teilten sich die erbettelten Almosen (dt. Diminutiv zu *pars*: Párteken). Im besseren Fall waren sie *paedagogi* (↗ zu 8, 42). Zum Teil begrenzte man die Anzahl dieser Bettelschüler, so um 1500 in Straßburg auf 100 für die vier Stiftsschulen. (Paulsen 22 f.) Im übrigen versuchte man seit der Reformation, das Betteln und die Bettelschüler abzuschaffen. (Paulsen 338)

14 Beachte den gleichen Anlaut: **su***mptum* **su***ppeditare* **su***fficiunt*!

16 **diis gratia**: ein „heidnisches" Relikt statt *gratia Deo* (19, 6). Auch sonst führt die Äußerung heidnischer Gedanken, selbst ihre Bevorzugung, nie zur Inquisition gegenüber Humanisten. (Voigt II 473 ff.)

18/19 **graviori**: Der Abl. auf *-i* beim Komparativ begegnet antik öfters bei Seneca, selten bei Dichtern, im Mittel- und Neulatein ist er üblich, vgl. die Begriffe bei Kant *a priori/a posteriori* (↗ auch E 11.4).
essem . . ., si . . . didicero (Fut. II — für Mosellanus und Donat hieß das „Konjunktiv des Futurs"). „Irrealis" (diesen Terminus kannte freilich Mosellanus nicht) eines künftigen Falles; dabei ist der Realitätsgrad der Bedingung noch offen.

24 **Protagoras**: Griech. Philosoph aus Abdéra/Thrakien († 416); in der Jugend aus Armut „Lastträger", später als „Sophist" — der also für Geld Unterricht erteilte — sehr erfolgreich und reich. Gellius (↗ zu 9, 37 *classicos*) erzählt (noctes Atticae 5, 3), Demokrit (der wegen seiner Atomlehre bekannte Philosoph, ebenfalls aus Abdéra; ca. 470—ca. 380) habe seinen Landsmann Protagoras als „Holzträger" gesehen und an der geschickten Verschnürung des in Balance gehaltenen Holzes die mathematische Begabung erkannt. (Unsere Textfassung ersetzt den falschen Namen *Democritus*, wie schon Mosellanus in der späteren Ausgabe von 1520.)

25 **Cleanthes**: nach Zenon, dem Gründer der Stoa, das zweite Schulhaupt († ca. 232 v.); die Geschichte steht bei Diogenes Laertios 7, 168.

27 *T. Maccius* **Plautus** († ca. 184 v.): Neben Terenz (↗ zu 10, 6) der größte latein. Komödiendichter; von ihm sind 21 Stücke — meist ganz — erhalten, z. B. ‚Miles gloriosus'. Plautus legte auf den (auch derben) Wortwitz und die Situationskomik (z. B. Prügelszenen) mehr Wert als Terenz, der sich mehr um die feine Zeichnung der Charaktere bemühte. Nach Varro (↗ zu 1, 6) soll er in einer Mühle (*pistrínum*) drei Stücke verfaßt haben, nicht die bekannten 21 (Gellius 3, 3, 14).

26. Cultura corporis et vestitus (Cordier, 4, 24)

6 **quae est Dei erga me benignitas**: ~*Deo (sit) gratia.*

6/8 **pecto capillum . . . māne praecipue**: Die morgendliche Toilette beschreibt ausführlicher Vives in dem ersten Dialog seiner ‚Exercitatio'.

9 **corpus exerceo**: ↗ E 7–Ende. — **ludo**: ↗ zu 30.

13 **a calce ad verticem**: Die antiken Formulierungen verwenden statt *calx* eher *unguis.* (Otto, A.: Sprichwörter der Römer. ND Hildesheim 1971, 355.)

15 **si**: selten (vor allem dichterisch) Einleitung eines Wunschsatzes.

29 **Malọ tamẹn verecụndus ẹsse qu(am) ịmpudẹns**: Mit sog. Jambenkürzung (◡— wird zu ◡◡) bei **verĕcundus** ein nicht belegbarer Senar (↗ zu 27, 18).

30 **Verecundia, ut dixit quidam . . .**: wohl nach Plautus Asinaria 833 *Decet verecundum esse adulescentem.*

31 **mediocritas**: Die aristotelische Lehre von der rechten Mitte zwischen zwei Extremen (hier *verecundia rustica* und *impudicitia*).

34 **est modus in rebus**: Horaz Satiren 1, 1, 106 (hier aristotelisch).
35 **habere locum** (schon antik): vgl. frz. avoir lieu; ital. avere luogo.
40 **nisi forte**: klass. mit Indikativ; der Konj. ist erst spätlateinisch (↗ E 11. 3).

27. De natali celebrando (Mosellanus 2)

3/5 **tuum natalem** (Geburtstag)... **hunc diem divo Michaeli... sacrum** (Namenstag): offensichtlich nach der (in Einzelfällen bis ins 20. Jh. üblichen) Sitte, die Neugeborenen nach dem Tagesheiligen zu nennen.

6 **facerem**: vielleicht — wie 5, 21 *recusarem* — für *faciam*; die klare Unterscheidung zwischen Vergangenheit („hätte ich machen sollen") und Gegenwart („sollte ich machen") verschwimmt wohl.

6/7 **ne obolum quidem habeo, quo...**: Anspielung auf *Ne obolum quidem est, quo restim* (einen Strick) *emam* (Erasmus, Adagia: ↗ zu 21, 26).

7/8 **queam... agitarem**: Der Konj. Impf. steigert wohl die Irrealität.

11 **litteras modo dedit**: Michaels Vater hat an den Kaufmann einen Brief und das Geld geschickt; dieser hat aber momentan keine Zeit, es Michael genau abgezählt zu geben (*ad numerandas pecunias*). Er muß vielleicht noch von Michael gemachte Schulden ermitteln und abziehen.

14/15 **genio bono, quem angelum dicimus**: *Antiquitas cuique homini duos genios attributos putabat, alterum bonum, alterum malum, quos theologi angelos vocant. Vide Erasmum in proverbiis ‚genius malus'* (d. h. seine Adagia: ↗ zu 21, 27 *Corycaeis*): Marginalie von 1520 (Michel IL).

17/18 **Terentiano illo**: Andria 805; die Worte bilden einen Senar, d. h. einen Vers, der in der Reinform aus 6 Jamben (◡ —) besteht; oft hat ein Versfuß auch die Form — — oder —◡◡ (wie hier der vierte), also:

‚Ut quimus', aiunt, quand(o), ‚ut volumus', non licet.

Terenz übersetzt dabei einen Vers des griech. Komödiendichters Menander († ca. 241 v.), der für vier seiner sechs Stücke das Vorbild ist.

28. De ingenii praestantia (Mosellanus 13)

3/4 **ingenium... fecundum**: Diese Verbindung begegnet schon bei Plinius d. Ä.

10/12 **memoria fluxa/tenax; facile, quae traduntur, percipere/retinere**: ganz im Sinn von Quintilian formuliert (u. a. 1, 3, 1); der Vergleich des Geistes/Gedächtnisses mit Wachs bzw. Fels ist wohl nicht antik.

19/20 **quod videas**: Die genaue Bestimmung des Konj. ist kaum möglich (wohl: „daß du/man — wie mir scheint — die Erfahrung machst/t, daß...").

23 **olim de Galba** (Konsul 5 v.; Vater des Kaisers im sog. Dreikaiserjahr: 68 n.): Macrobius Saturnalia (gelehrte Gespräche am Saturnalienfest in 7 B.; frühes 5. Jh. n.) 2, 6, 3 überliefert ein über ihn zitiertes Wort: *ingenium Galbae male habitat*; denn die Wirkung seiner Beredsamkeit drohte durch den *habitus corporis* untergraben zu werden. Es wird also der Gegensatz Redefähigkeit/körperliche Gestalt (Galba hatte einen Buckel/*gibbus*) durch den Gegensatz intellektuelle Fähigkeit/charakterlicher Wert ersetzt.
(Die Weglassung der Schlußzeile erspart umständliche Kommentierung.)

29. De commodis ac molestiis variorum temporum
(Mosellanus 35)

3 **nihil est usque ex omni parte felix**: formuliert nach Horaz c. 2, 16, 27 f. *Nihil ẹst ab ọmni / pạrte beạtum* (vgl. Z. 37).

5/6 **im-mụndo mụndo**: Wortspiel nach dem griech. Wort *kósmos*, das Ordnung/Schmuck und Weltall bedeutet; Sauberkeit ist lat. *munditia/-es.*

11/12 **caniculae rabies**: Kombination zweier Horazstellen: carm. 1, 17, 17/18 *Caniculae . . . aestus* und epist. 1, 10, 16 *rabiem Canis.*

14 **ut taceam** (+ Obj.): seltenere Form der *praeteritio* statt *ut omittam . . .*

14/16 **culices . . .**: Alle vier Insektenarten zählt Plautus Curculio 500 auf; er kennt auch (wie Aristophanes) die Laus (↗ zu 17, 8 *pediculi*), die Terenz nie nennt. Durch das zunehmende Bäderwesen verschwanden diese lästigen Plagen, die etwa auch der scharfe Spötter Martial (↗ zu 11, 39/40) nie erwähnt. Die Sauberkeit war damals größer als im Mittelalter und in der beginnenden Neuzeit — vgl. Birt, Th.: Die Laus im Altertum. In: Aus dem Leben der Antike. Leipzig ^{3}1922, 83—98.

20 **pestem**: Bis ins 18. Jh. kam es in Abständen zu verschieden heftigen Epidemien; seit 1720/21 gilt die Pest als weitgehend ausgerottet.

22 **in rapidis et profundis fluminibus . . .**: Das Baden in Flüssen war den Schülern strengstens verboten wegen der Unfälle, die gelegentlich in den Schülergesprächen erwähnt werden. (Bömer, Anhang 20 f.)

29 **tot frugum genera**: Mosellanus zählt auf „Winterweizen, Weizen, Gerste, zahlreiche Hülsenfrüchte, Bohnen, Erbsen, Wicken, zahlreiches Obst, Birnen, Pflaumen, Mispeln, Nüsse, Walnüsse, Haselnüsse . . ."

30/31 **super omnia vero dulcissimum mustum**: Eine schöne Schilderung, wie das Mosten gerade für Schüler „eigentlich das Feinste vom ganzen Jahr" ist, gibt Hermann Hesse im 6. Kapitel seiner Erzählung „Unterm Rad".

33 **Seneca** (römischer Philosoph, Lehrer Neros; † 65 n.): de beneficiis 1, 2, 3 (dort *in calendari***o**).

30. De ludendi ratione (Mosellanus 15)

15 (*ludum*) **globularem**: Im süddeutschen Raum waren/sind die „Schusser" (im norddt. die „Klunker") bis weit ins 20. Jh. weit verbreitet. Sie heißen in entsprechenden Texten auch *pilulae fictiles* (aus Ton), mit denen man die gegnerischen Kugeln/Bällchen treffen und seine eigenen in kleine Vertiefungen bringen mußte, *in quo est certae manūs laus* — d. h. es ist nicht Anstrengung (*negotium*) gefragt, sondern Geschicklichkeit. Die Emmericher Schulordnung (1570) empfiehlt das Ballspielen ausdrücklich; dabei soll aber lateinisch gesprochen werden.

31. De feriis nataliciis Christi (Mosellanus 24)

13/14 **peiora his passi sumus**: Im Original (Vergil Aeneis 1, 199: Trostworte des Äneas an die Gefährten nach dem Seesturm) *O passi graviora*; die zweite Vershälfte *Dabit Deus his quoque finem* bleibt unverändert.

18/19 **innocens**: Enallage (statt *innocentium*: *infantium*); ähnlich ist *crudeles* auf die Schwerter statt auf die Soldaten bezogen. Es ist das Fest der Unschuldigen Kinder am 28. Dezember gemeint. Die Weihnachtsfeiern dauerten damals vom 21. Dezember (Thomastag) bis Neujahr.
Der Schluß enthält eine kritische Bemerkung zu dem seit dem 12. Jh. bezeugten und in katholischen Gegenden bis ins 20. Jh. üblichen Brauch des Johannisweins (am 27. Dez.); dabei wird der mitgebrachte Wein gesegnet bzw. gesegneter Wein gereicht; dieser soll den Körper vor Giften schützen, da einst der Evangelist Johannes vergifteten Wein ohne Schaden getrunken hatte (bildliche Darstellungen in Kirchen: Johannes mit Kelch, aus dem eine Schlange hervorzüngelt).

Erläuterungen zu den Bildern

S. 25: **Leiste mit Initiale P.** Lehrer und drei Schüler. Holzschnitt aus einer Ausgabe des Donat (↗ E 4. 3), Ulm 1475. Der waagrecht verlaufenden Girlande entspricht im Original eine senkrecht an das P angehängte. Zur Bedeutung des (schönen) Schreibens vgl. Nr. 8.
S. 31: **Archidiakon und Chorknaben.** Augsburg 1479. Lesen- und Singenlernen (↗ Nr. 22 und 31) gehören auch in der Humanistenzeit zu den wichtigen Aufgaben der Schüler.
S. 38: **Lehrer und Schüler.** Holzschnitt, Straßburg 1512. Der Schüler muß offensichtlich sein Pensum aufsagen (↗ zu 4, 3 *reddemus*). Der Unterricht findet in der Bibliothek statt, in die z. T. Sonnenlicht (↗ 9, 43) fällt und die durch Büsten von Autoren (oberhalb der Bücher) geschmückt ist (↗ 9, 46).
S. 41: **Erasmus von Rotterdam** im Alter von 57 Jahren am Schreibpult. Kupferstich von Albrecht Dürer († 1528). Die latein. Bildaufschrift *imago . . . ad vivam effigiem de-lineata* (↗ 9, 46/47 *imagines . . . ad vivum expressae*) wird durch die griechische ergänzt: „Das bessere (Bild) werden seine Schriften zeigen."
S. 44: **Cicero, Briefsammlung ‚Ad familiares'.** Pariser Codex. Dieser Titel von Ciceros zweitgrößter Briefsammlung stammt von H. Stephanus (↗ E 10. 1); junge Handschriften nennen sie *epistulae familiares.* Die Bücher werden nach dem Adressaten des/der ersten Briefe des jeweiligen Buches benannt (*ad P. Lentulum* = B. 1). Der Brieftext beginnt mit *Ego omni officio ac potius* (in Großbuchstaben). Ciceros Briefe werden 10, 6 ausdrücklich empfohlen.
S. 47: **Tafelszene aus einer Schule der Renaissance.** Handschrift um 1460. Zur Linken speisen die Schüler, zur Rechten die drei Lehrer. Die Schule endete nicht mit dem Vormittagsunterricht.
S. 53: **Lehrer und Schüler,** die wohl für den Chorgesang (↗ Z. 3/4) üben. Der Lehrer — wohl an einem Orgelpositiv (stellbare Orgel ohne Pedal) — hat die Rute (↗ zu 20, 17 *virga*) griffbereit. Ein (fauler) Schüler trägt den Eselskopf — ein Relikt der mittelalterlichen Eselspädagogik, vgl. die noch im 20. Jh. oft genannte Eselsbank.

4. Anhang

4.1 Index

(ohne die Namen der Dialogfiguren und ohne die Wörter *Latine, Graeci, ... Christus* — bei eingeklammerten Namen/Stellen finden sich nur im Sachkommentar Erklärungen.)

4.2 Ausgaben und Literatur

Maturinus CORDERIUS: Colloquiorum scholasticorum libri IIII ad pueros in sermone Latino paulatim exercendos. Genf 1564 (Benützte Ausgabe: Rostock 1579).

Petrus MOSELLANUS: Paedologia. Leipzig 1518 (Benützte Ausgabe: Michel, H.: In: Lateinische Litteraturdenkmäler des XV. und XVI. Jh. Berlin 1906 — mit Einleitung sowie Anmerkungen von 1520).

Ioannes Ludovicus VIVES: Exercitatio linguae Latinae. Breda 1539 (Benützte Ausgabe: Opera omnia II. Valencia 1782. ND London 1964).

Bömer, A.: Die lateinischen Schülergespräche der Humanisten. Berlin 1897/99 (ND Amsterdam 1966 — mit Lebensdaten, Auszügen, Einzelerklärungen, bibliographischen Angaben).

Le Coultre, J.: Mathurin Cordier et les origines de la pédagogie protestante dans des pays de langue française (1530—1564). In: Mémoires de l'université de Neuchâtel V. Neuchâtel 1926.

Delormeau, Ch. E.: Un maître de Calvin: Maturin Cordier, l'un des créateurs de l'enseignement secondaire moderne. Neuchâtel 1976.

Eckstein, Fr. Aug.: Lateinischer und griechischer Unterricht (hsgb. von H. Heyden). Leipzig 1887.

Fritsch, A.: Lateinsprechen im Unterricht. Geschichte — Probleme — Möglichkeiten. In: Auxilia 22. Bamberg 1990.

Herrle, Th.: Lebendiges Latein. Wiesbaden 1953.

Kayser, Fr.: Joh. Ludov. Vives' pädagogische Schriften. In: Bibliothek der katholischen Pädagogik VIII. Freiburg/Br. 1896 (Biographie, systematische Darstellung und Übersetzungen).

Paulsen, Fr.: Geschichte des gelehrten Unterrichts auf den deutschen Schulen und Universitäten vom Ausgang des Mittelalters bis zur Gegenwart. 2 Bände, [3]Leipzig 1919 (ND Berlin 1965).

Pfister, R.: Grammatik und Lateinunterricht in Italien im 15. Jh. In: Acta conventus Neo-Latini Bononensis. Medieval & Renaissance Texts & Studies. Binghamton, New York 1985 (Nr. 37), 377—389.

Puech, E.: Un maître de Calvin: Mathurin Cordier, sa vie et son œuvre. Genf 1896 (ND Genf 1970).

Reble, A.: Geschichte der Pädagogik. [10]Stuttgart 1969.

Streckenbach, G.: Stiltheorie und Rhetorik der Römer im Spiegel der humanistischen Schülergespräche (Dissertation, Berlin 1931). ND Göttingen 1979.

Voigt, G.: Die Wiederbelebung des classischen Alterthums. 2 Bände. [3]Berlin 1893 (ND Berlin 1960).

Wirth-Poelchau, L.: Die lateinischen Schülergespräche der Humanisten im heutigen Lateinunterricht. In: AU 29 (1986) 1, 75—88 (Überblick über die Gattung und methodische Möglichkeiten).

Wirth-Poelchau, L.: Das Bild eines humanistischen Lehrers in den Schülergesprächen des Mathurin Cordier. In: Historia Testis — Mélanges d'épigraphie, d'histoire ancienne et de philologie offerts à Tadeusz Zawadski. Fribourg/Suisse 1989.